古代史 08

美国国家图书馆
珍藏名传

恺撒大帝
Caesar the Great

[美]雅各布·阿伯特 著
朱利勇 译

中国出版集团有限公司
华文出版社

图书在版编目（CIP）数据

恺撒大帝 /(美) 雅各布·阿伯特著；朱利勇译.
-- 北京：华文出版社，2023.11

（美国国家图书馆珍藏名传）

ISBN 978-7-5075-5738-1

Ⅰ.①恺… Ⅱ.①雅… ②朱… Ⅲ.①恺撒(Caesar, Gaius Julius 前100-前44)—传记 Ⅳ.①K835.467=2

中国国家版本馆CIP数据核字(2023)第004390号

恺撒大帝

作　　者：[美]雅各布·阿伯特
译　　者：朱利勇
责任编辑：方昊飞　王　彤
出版发行：华文出版社
地　　址：北京市西城区广外大街305号8区2号楼
邮政编码：100055
网　　址：http://www.hwcbs.cn
电　　话：总 编 室 010-58336239　发 行 部 010-58336202
　　　　　编 辑 部 010-58336265　010-63428314
印　　刷：三河市航远印刷有限公司
开　　本：787mm×1092mm　1/32
印　　张：6.875
字　　数：87千字
版　　次：2023年11月第1版
印　　次：2023年11月第1次印刷
标准书号：ISBN 978-7-5075-5738-1
定　　价：29.80元

版权所有　侵权必究

中文名：盖乌斯·尤利乌斯·恺撒
外文名：Gaius Julius Caesar
生卒年：公元前 100 年—前 44 年
所在国：罗马共和国
职　业：罗马统帅

恺撒大帝

● 古罗马帝国的奠基人，虽一生未称帝，但因其卓越的政治、军事才能，被后世称为"恺撒大帝"。

● 恺撒出身贵族，历任罗马共和国财务官、市政官、大法官和西班牙行省总督等职。

● 公元前 60 年，恺撒与庞培、克拉苏秘密结成"前三头同盟"，随后征服高卢，袭击日耳曼和不列颠。公元前 49 年，恺撒率军占领罗马，打败庞培，集大权于一身，成为名副其实的军事独裁者

● 公元前 44 年，恺撒在自己的加冕日，遭元老院成员暗杀身亡。恺撒去世后，其养子屋大维击败安东尼，建立罗马帝国，并成为第一位帝国皇帝。

● 恺撒在文学方面亦多有著述，有《高卢战记》《内战记》等作品传世。

在恺撒大帝生活的时代，世界上发生了哪些大事？

世界历史

公元前88年—前79年，罗马执政官苏拉与执政官马略之间的斗争，引发内战。

公元前60年，罗马的恺撒、庞培和克拉苏结成"前三头同盟"。

公元前55年，恺撒出征不列颠。

公元前51年，恺撒征服高卢，阻止了日耳曼人的南进。

公元前48年，罗马执政官庞培在埃及被杀，恺撒专权，罗马共和体制被颠覆。

公元前48年，埃及亚历山大图书馆毁于大火。

公元前45年，《儒略历》开始推行。

公元前44年，恺撒被共和派刺杀身亡。

公元前43年，罗马的安东尼、屋大维和雷必达结成"后三头同盟"。之后，屋大维打败安东尼，建立罗马帝国。

中国历史

公元前140年，汉武帝刘彻（公元前141年—前87年在位）即位。

公元前104年，《太初历》启用，以正月为岁首，将一日分为八十一分，故又称《八十一分律历》，使用有利于农时的二十四节气。

公元前100年，西汉苏武出使匈奴被扣，羁押十九年后归汉。

公元前90年，西汉史官司马迁卒，有中国第一部纪传体通史《史记》传世。

公元前60年，汉置西域都护府，正式在西域设官、驻军、推行政令，行使国家主权。

公元前48年，匈奴内部纷争，分裂为南、北两部。

公元前33年，西汉王昭君出塞，与南匈奴首领呼韩邪单于和亲。

目 录

001　第 1 章　马略和苏拉

019　第 2 章　恺撒的早年生涯

039　第 3 章　走向权力中枢

059　第 4 章　征服高卢

077　第 5 章　庞 培

095　第 6 章　渡过鲁比肯河

113	第7章	法沙利亚战役
125	第8章	庞培败亡
143	第9章	恺撒攻入埃及
159	第10章	恺撒的独裁统治
177	第11章	阴 谋
195	第12章	遇 刺

第 1 章　CHAPTER I

马略和苏拉

Marius and Sylla

欧洲古代有三个主要的族群：希腊人、迦太基人和罗马人。他们各有一位自己的英雄。

希腊人的英雄是亚历山大大帝。他是希腊本土北部马其顿王国的国王，曾亲率大军远赴亚细亚，为征服和荣誉而战。经过征战，他建都巴比伦，成为亚细亚霸主，最终却因过度沉迷征战而英年早逝。他之所以闻名于世、让人钦慕，是因为他很年轻时就成就了霸业，并成功地缔造了一个庞大的帝国。

迦太基人的英雄是汉尼拔①。虽然迦太基人的都城位于阿非利加地中海沿岸，但迦太基人起源于欧洲，文明及所有的商业、政治关系都属于欧洲，因此我们把迦太基人列入欧洲古代三个主要的族群之一。汉尼拔是迦太基的杰出英雄，因其充沛的精力和誓与罗马人战斗到底的决心而闻名于世。他毕生致力于维系一个庞大的帝国，五十年来一直处于焦虑的状态。因此，他的强大和荣耀在于

---

① 汉尼拔（前247—前182），迦太基名将、统帅。——译者注

他坚定的意志和绝不动摇的恒心及他获得的成功。在世时，他一直是罗马人恐惧的源头。

罗马人的英雄是恺撒大帝。他正好生于公元前100年。他之所以名满天下，不是因为像亚历山大大帝一样对外征服，也不是因为像汉尼拔一样入侵他国，而是因为他在与国内各路竞争对手旷日持久的可怕较量中最终大获全胜。他上台时，罗马共和国几乎已经拥有所有值得占领的地区，没有必要再对外征服。然而，从某种程度而言，他也扩大了罗马共和国的疆域，但罗马共和国当时的主要问题是"谁来继承前任征服者们获取的权力"。

当时，罗马共和国不是中央集权统治下的一个统一的国家，而是一个大型的国家集团。国家各地区之间大不相同，语言各异，风俗和法律也各不相同，但又与中央政府有着千丝万缕的联系。罗马共和国下设行省，由总督管辖。除了征税，在许多重要场合，总督还须主持司法、行政工作。在任期内，总督有大量机会积累财富，征收的钱财远超上缴中央政府的数额。在法庭上，总督收受贿赂、偏袒富人。因此，越是富裕繁华的行省，越会成为罗马共和国官员竞相赴任的地方。获得富裕行省总督职务的人，在行省待够满意的任期，谋取足够的财富后，再回到罗马共和国。他们利用钱财、耍尽阴谋诡计，为自己谋取更高的职位。

每每对外作战，征讨遥远的国家或者部族，罗马军官们总是极度渴望成为指挥官。他们确信自己能克敌制胜。对他们来说，与守着行省敲诈勒索、索取贿赂相比，通过打胜仗掠夺战利品，敛财的速度更快。此外，获胜而归的军事荣誉更能扩大他们在罗马共和国的影响力、提升他们的权力。同时，他们还会举行各种庆祝活动和凯旋式，吸引成群结队的公民前来参与，好好听听公民的赞美之词。他们把战利品放在神殿，举办各种赛会和表演供公民消遣，还举行角斗士表演及斗兽表演等娱乐公民。角斗士和野兽都是对外征战时带回的，专供公民娱乐。凯旋的罗马共和国军官享受巨大的胜利；他们的政敌则黯然失色，不再引人关注，除非他们能在其他领域获取同样的荣誉，

罗马公民

并且适时而归，宣扬自己的权力和名望。这样一来，罗马的和平会因军事将领之间的冲突而受到影响。军事将领的权力太大，罗马共和国没有人能够管控他们。

恺撒时代到来前，罗马共和国曾出现一对竞争对手——马略和苏拉。他们之间的斗争无所不在。此后，这两个人的名字也成了不同历史时期敌对势力与仇恨的代名词。马略和苏拉分别代表罗马共和国的两大派别。和其他国家一样，大多数罗马共和国公民都有发言权。公民被分为上层和下层，上层是贵族，下层是平民。苏拉是贵族派，受到贵族的支持；马略是平民派，是平民拥护的对象。然而，在相互竞争中，他们并不只靠公民投票，更多的是靠军事力量的威慑力。当时有一场战争，他们要与实力强大的米特里达梯六世开战。这是一个名利双收的大好机会。苏拉被派去指挥这场战争。但苏拉不在罗马共和国期间，马略想方设法否决了这一决议，并派两名护民官到苏拉军营通知其这一变化。

苏拉杀了那两位护民官,因为他们竟敢带来这样的消息。然后,他开始向罗马共和国进军。由于护民官被杀,马略在罗马城中到处寻仇报复,杀了苏拉的一些重要朋友。罗马城中人心惶惶,人人自危。类似于西方的上议院的元老院,主要代表贵族的权力。元老们理所当然地支持苏拉。几英里[①]外,贵族派派人送信,告诉苏拉不要入城。苏拉假装答应,就地扎营,但其实并未真正止步不前。次日清晨,他就攻下了罗马城。马略的支持者负隅顽抗,从屋顶投掷石块,扔向苏拉指挥的军队。苏拉下令,凡见屋顶有人抵抗,直接放火焚烧房屋。于是,曾经繁华富庶的都城因双方的交战而面临毁灭。虽然交战双方都自称是"公民的朋友",但公民仍然胆战心惊、极度惶恐。

最后,马略战败,落荒而逃。他那些没能逃跑的朋友大多被杀。苏拉召开元老会,通过一条法令,判决马略为"公敌",并悬赏其首级。

---

① 1英里≈1609.34米。——编者注

马略孤立无援，只身南逃，四处遭人追杀，到处有人想取其首级领赏。最终，数历险境，九死一生，他渡过地中海，逃到已经成为废墟的迦太基，栖身于一间小屋内。此时，他已年逾古稀。

苏拉认为终于消灭了强劲的对手和敌人，便着手准备与米特里达梯六世的战争。他开始组建军队，建造、装备了一支船队，开赴战场。他刚一离开，城中马略的支持者纷纷卷土重来，采取措施重新夺权。马略也从阿非利加返回，随即集结了大军。他自诩是平民的朋友，收编大量叛奴、不法分子和亡命徒，直奔罗马城。年迈的他历经劫难，一心只想复仇，并为此严密计划。他思虑过重，导致面容苍白、憔悴。他一路向罗马城进发，时有元老院委派的代表前来议和。他只听不从，拒绝任何条件。他一路前行，外表彰显着与他年龄相符的深思熟虑与镇定自如，内心却如凶残的老虎。

一占领罗马城，马略就开始打击对手。他将一位执政官斩首，悬其首级于城中最显眼处以威慑众人。然而，这只是个开始。后来，苏拉所有重要的朋友都遭其杀害，其中既有位高权重者，也有普通贵族。他们一旦被发现，无须经过宣判，也无须审讯，在没有任何罪名的情况下，仅仅依照军令，就被视作敌人，被就地处决。对自己特别反感的人，马略会采用特别处决方式——将其从塔尔皮亚岩上扔下去。

塔尔皮亚岩是一处悬崖，约五十英尺高[①]，如今依然可以在罗马城看到。当时，罪大恶极的人会被从塔尔皮亚岩上抛下。他们沿着台阶，被带到岩顶，然后被推下来，痛苦挣扎后惨死。

塔尔皮亚岩的名字源自一个古代塔尔皮亚故事。传说，塔尔皮亚是一个生活在罗马早期的姑娘。当时，罗马城被邻国军队围困。据说这些士兵手持盾牌，胳膊上戴着金手镯，希望塔尔皮亚打开城门让他们进城。塔尔皮亚答应了他们的请求，但要求他们留下手镯。因为不知道这些金光闪耀的饰品叫手镯，她就说留下"你们胳膊上的那些东

---

① 1英尺≈0.30米。——译者注

西"。士兵们答应了她的条件。她打开城门,士兵们冲入城内。士兵们非但没有给她手镯,反倒把盾牌砸向她。最终,这个可怜的姑娘被盾牌活活砸死。事情就发生在这处悬崖附近,于是人们就用她的名字命名了这处悬崖。现在,人们发现,塔尔皮亚岩已被凿穿,还有许多地下通道。这些通道可能是古代采石场的遗迹。有些通道已经堵塞,另外那些仍然通畅。据说,直到今天,周边居民仍然相信,塔尔皮亚独自一人,坐在洞窟深处,犹如被施了魔法,身上挂满黄金珠宝。但试图寻找她的人注定会迷路,有去无回。这个故事的真实性有待考证。

马略继续屠杀,直到苏拉的支持者被杀光或者被迫逃亡为止。他不遗余力,想尽一切办法,搜查苏拉妻儿的踪迹,想把他们一起杀掉,只是没能如愿找到他们。苏拉的朋友们同情无辜且无助的苏拉妻儿,把他们藏了起来。最终,马略杀戮他们的愿望落空。此外,还有更使马略失望的事,那就是他想杀之人都自杀了,使他无法复仇。有一个人关上门窗，烧炭自杀，窒息而亡。还有一个人在公祭坛上割脉，流血而死，以死来祈求诸神的裁决，希冀诸神惩罚残酷的暴君。

不久，马略地位稳固了，完全掌控了罗马局势。罗马城开始复苏。人们不再诚惶诚恐与惊慌失措。此时，马略却病了，患上了严重的突发性疾病。这次患病可能是因为他受到了极度的精神刺激——流亡期间的悲凉，回归之后命运又完全逆转，曾经可怜的逃亡者，藏于黑暗、荒凉的废墟，却突然成为世界的主宰。想到苏拉没有被抓也没有被制服，而是在与米特里达梯六世交战，马略异常激愤。他逼迫元老院判决苏拉为国家公敌，同时苦思冥想如何才能将其抓获。只要苏拉这个强大的对手还活在人世，他就觉得自己的凯旋不够完美。疾病打断了他抓捕苏拉的计划，使他焦躁不安。

临终前，马略在床上辗转反侧。显然，贪得无厌的野心和汹涌的仇恨，使他无法冷静，让他再次受到刺激。他很快便精神错乱，开始胡言乱语，以为自己已经成功取代了苏拉，正身处亚细亚指挥军队冲锋陷阵。执着于这个想法，他疯狂地盯着四周，时而大喊米特里达梯六世的名字，时而大声向臆想出来的军队下令，时而挣脱侍从之手，下床攻击自己想象出来的敌人。如此持续了数日，精神错乱耗尽了他最后一丝力气。七十年来，那些浪费在自私、残暴和仇恨上的力量终于耗尽了。马略再也没有醒来。

马略的儿子小马略试图继承父亲的权力。苏拉结束了同米特里达梯六世的战争，正从亚细亚返回罗马共和国。显而易见，一场可怕的冲突即将来临。苏拉高奏凯歌，穿越全国。小马略及其同党集合全城兵力，备战防御。城内公民分成两派，贵族派拥护苏拉，而平民派支持小马略。历史上，派系的兴衰犹如潮水一般，交替出现。平民派曾经一度掌权，现今到了衰退之时。随着自己不断前行，苏拉发现，一切都朝着他重新掌权的方向发展。他摧毁了反抗自己的军队，把小马略围困在离罗马城不远的城邦里——小马略曾努力在此寻求栖身之地，然后占领了这个城邦。

　　在罗马城，马略曾犯下的骇人血案和大屠杀重演，场面恐怖至极，简直史无前例。苏拉把想要消灭的人列出来，派遣士兵四处围剿这些不幸的复仇对象，搜遍他们的住处和城里的公共场所。一经发现，就地处决。在人口稠密的大城市如此行事，对从未目睹过屠城恐怖场景的人来说，这种场面简直难以想象。苏拉全程参与，极其冷淡，像是履行政府官员的普通职责。一天，他召集元老会，正在讲话时，参加会议的元老们的注意力被旁边街上的各种惨叫声、尖叫声分散了——这些声音是正在被屠杀的人发出的。元老们听到这些声音，都受到了惊吓。苏拉却非常镇静，冷漠地提醒全体成员听自己讲话，不要受到其他事件的干扰。他说，这些声音只是依照他的命令处罚乱党们扰乱和平的行为引起的。

　　苏拉的处决令并不仅在罗马城执行，邻近的城邑和远方的行省，也遍布着恐惧和痛苦。尽管这种行为罪孽深重，但实际上并没有我们想象的那么血腥残暴。在阅读罗马共和国马略和苏拉的内战历史书籍时，读者可能会想象这样的场景：全国人民被纠集起来，组成两支军队，互相打斗、屠杀。实际上，事实可能并非如此。只是一小部分人积极参与了这些暴力血腥行动。因为人的本性并非凶残如野兽，相反，人类通常热爱和平宁静的生活——耕种土地，饲养牲畜，享受上天赐予的和平与安宁。世界上任何民族、任何时期，只有一小部分人的欲望和仇恨会如此强烈，如此喜欢杀戮和战争。这一小部分人一旦手握武器，就会无所顾忌，肆意残忍地践踏别人，像是披着人皮的凶残猛兽，手举长矛或挥舞刺刀，肆意挥向热爱和平的人。而热爱和平的人手中只有牧羊的工具，生平最大的愿望也只是与妻儿过上安静祥和的生活。

这样一来，马略和苏拉的众多追随者，全副武装、胆大妄为，所到之处让人心生恐惧、胆战心惊。罗马共和国数百万牧民和农夫曾经安静祥和、怡然自得的生活被打破。他们在祥和的环境下获得的丰收被劫掠。这些将军、士兵、执政官、副执政官则依靠征税以及掠夺牧民和农夫的收成来补给国库、发放军饷、支付兵器制造者的薪水。凭着这些"收益",他们建造了雄伟壮观的罗马城,装点奢华的宅邸。他们手握武器、执政掌权,辛苦劳作的平民百姓别无选择,只能屈服。百姓们继续劳作,忍受着各种煎熬。军队经过后,他们继续耕种土地,修复军队暴行带来的伤痛,弥补掳掠带来的损失,从不抱怨——他们知道,抱怨于事无补。他们把武力统治视为人类必然要经历的,是不可避免的灾难,就像地震和瘟疫一样,只能忍受。如今,这些平民百姓已经能较好地应对。他们拥有自己的权利,非常谨慎地防备这群武装亡命徒,防止后者再次把自己卷入恐怖的深渊。

苏拉返回罗马,执掌最高权力。查阅公众名册时,他发现了一个不熟悉的名字,起初不知如何是好。这人就是这段历史的主人公,年轻的恺撒。恺撒出身于世袭贵族。在他之前,已有多位"恺撒"担任过政府高官,有些还是历史名人。因此,毫无悬念,他本应属于苏拉派,因为苏拉是贵族利益的代表。但他个人倾向于支持马略。马略娶了恺撒的姑妈，恺撒娶了秦纳的女儿科涅莉亚。秦纳是马略最能干的副手，也是马略最有影响力的朋友。恺撒当时还很年轻，性格鲁莽，还未积极参与政事。苏拉一度忽视了恺撒，但最终还是想将其列入危险人物名单。在贵族派里，苏拉和恺撒的共同朋友为恺撒求情。苏拉听从了请求，或者更确切地说是暂缓了决定，命令恺撒与妻子科涅莉亚离婚。恺撒断然拒绝了苏拉的要求。这一决定一方面是因为他与科涅莉亚感情深厚，另一方面是因为他拥有坚毅、不屈不挠、绝不顺从的性格。他早年养成的这种显著的性格伴随了他一生。他敢于面对任何危险，不让自己陷于险境。他非常清楚，一旦苏拉得知要求被拒，马上会下令处死自己。于是，他选择了逃亡。苏拉剥夺了恺撒的头衔和官职，没收了他和妻子科涅莉亚的财产和他祖上的家业，并把他列入公敌名单。因此，恺撒成了流亡者，四处逃亡。流亡途中的冒险经历将在下章叙述。

　　苏拉现在拥有统治罗马共和国的绝对权力，成为罗马共和国的主人，也成为罗马共和国辖下所有地区的主人。不过，他并不是治安官，而是一位从亚细亚战场凯旋的将军。他以这样的身份处置扰乱和平的人，有些不合常理。在清除敌人后，表面上看来，他不再武力执政，而是依法行事。形式上，他按照政府决策行事。他被选为独裁官，拥有绝对的无上权力。在短暂地达到世俗权势的巅峰后，他辞去权位，将余生致力于文学研究。尽管对政敌的打击残忍至极，但他实际上是一个有修养的文雅之人，对促进文学和艺术的发展有着浓厚的兴趣。

马略和苏拉之间的斗争是史载最激烈的个人斗争。源于两个野心勃勃之人的个人竞争，结果却影响了世界的发展与和平。在不计后果的斗争中，他们践踏一切阻碍自身发展之物，轮番无情地摧毁反对自己的人。人们痛恨他们的罪行，却也赞赏他们追求自身发展时展现出来的非凡力量。

第 2 章 *CHAPTER II*

恺撒的早年生涯

Caesar's Early Years

面对不幸，恺撒从不灰心丧气。他早年的生涯轻松愉快、无忧无虑。离开罗马共和国后，他历经多年的流亡漂泊，却勇于面对现实，从不向周遭的种种邪恶与重重危险屈服。

强大的人年轻时多半善于思考，对待事情严肃认真，性格沉着稳重。然而，恺撒并非如此。他生性活泼开朗，身材高大，面貌英俊，举止优雅，还喜欢社交，就像那些知道或认为自己在社交场合能够光芒四射、备受青睐的人一样。总体而言，早年在罗马共和国居住期间，他似乎一心享受轻松愉快的生活。正是他的地位、财富、讨人喜欢的举止保障了他可以这样生活。事实上，研究恺撒早期性格的学者认为，尽管当时的处境对他获得权力和名望非常有利，他却没有丝毫野心去利用这些条件。研究者还认为，无论是作为一名军事指挥官，还是作为一名政治家，恺撒都十分注重享受生活。

然而，苏拉并不这样认为。他明察秋毫，看得出恺撒真实的内心，他发现恺撒的早期生涯中表现出来的轻松愉悦，蕴含着更有野心的追求。这是他不愿看到的，因为这种力量将来可能会使恺撒成为自己的劲敌。恺撒拒绝服从苏拉的命令，实际上就已经站在了苏拉的对立面，平民派后来的反应也证实了这一点。苏拉现在把恺撒视为敌人。恺撒逃离罗马城后，他的贵族派朋友向苏拉求情，希望苏拉能原谅恺撒。恺撒的朋友认为恺撒只是个孩子，所作所为均为无心之举。苏拉摇头说道，恺撒虽然年轻，但身上蕴含着一股力量。这种力量非常可怕，几个马略加起来都不如一个恺撒。

苏拉的这种观点并不是毫无依据。恺撒这个年轻的贵族虽然无比热爱轻松愉悦的生活，却从未忽略自己的学业。他刻苦努力地完善自己，不断追求知识。正如当时那些野心勃勃的人一样，他追求政治影响力和话语权。他学习希腊语，阅读希腊历史学家的书籍，学习哲学和修辞学相关知识。显然，他对成为公众演讲人物从而获取权力有着浓厚的兴趣。当时，能写会说会增加公众人物的影响力。政府的政令大多由公民大会来决定，而那些高谈阔论的演说家在公民大会上更具话语权。他们演讲能力超群，思想深邃，从而获得关注，进而影响舆论以获得支持。

然而，并不是所有城市居民都享有话语权。罗马城曾经居住着大约三百万人，但只有三十万是自由民，享有话语权。其余人为体力劳动者、工匠和奴隶。他们没有公共事务的话语权。自由民频繁公开集会，城里的各个广场、各种开阔地都会成为集会和司法审判的地点。罗马人把这样的地方叫广场，其中最为著名的是罗马广场。罗马广场非常宏伟，周围有宏伟的建筑和不胜枚举的雕刻和石像，周边环绕的长廊可用于躲避恶劣天气，尽管罗马通常风和日丽，恶劣天气并不常见。集会通常在长廊下面举行，法律审判也习惯在这里进行。罗马广场不断出现新的纪念碑、新的神殿、雕像和为将军凯旋或执政官、副执政官行政期满而建的纪念柱。广场拥挤不堪后，人们就会清理一部分，就像砍掉繁茂森林的一些树木一样，为集会腾出空间。毕竟集会才是广场的主要功能。

罗马广场

虽然当时并没有印制形式的书籍，但罗马人拥有很好的教养，修养也很高，有条件追求更高的享受。因为缺乏良好的阅读条件，罗马广场就成了人们聚集的中心。现在，我们可以在家里安静地阅读历史书籍，或在图书馆和阅览室默默读报纸和杂志，几乎不会出现交头接耳、大声说话的现象。而在恺撒时代，人们聚集在广场上，熙熙攘攘，聆听历史故事，参加政治辩论，观看法庭争辩。这里汇集各路消息，讨论各种问题，所有重大选举也在这里举行。这里还发生过无休无止的欲望冲突和权力斗争。这些斗争关乎国家命运，甚至影响几乎一半人的福祉和安宁。当然了，那些渴望出人头地、拥有雄才伟略的人也希望在此发声，让别人了解自己；或者在此举行盛大集会，让人刮目相看。像一些罗马演说大家一样，吸引人们屏气凝神、全神贯注地聆听自己，是一种能力。这种能力令人愉悦，让人声名鹊起。恺撒也有这种野心，并且非常认真地研究演讲术。

恺撒的老师是莫隆，一位来自罗得岛的哲学家和辩论大师。罗得岛属于希腊,与小亚细亚西南海岸相邻。莫隆是一个称职的老师。在他的指导下,恺撒成长为一位非常有才华的作家和演说家。事实上,恺撒将时间和注意力用在了两个完全不同的地方,一是高贵的智力追求,一是世俗的享乐。他放荡不羁、沉迷酒色。然而,苏拉的到来打断了这一切。独裁官苏拉命恺撒与妻子科涅莉亚离婚,并放弃支持平民派。恺撒并不从命,而是乔装打扮,在午夜逃离了罗马城。

当时,恺撒生病了,断断续续地发烧,每隔三四天就发作一次。不发烧时,他身体状况尚可。他先逃到了罗马东北部的萨宾人的国度,在那里到处流浪,面临重重险境。很多人知道他是苏拉缉拿的对象,想取他的人头,把它交给苏拉领赏。于是,他不得不每天更换住处,到处躲藏,但最后还是被一个百夫长发现并抓获了。百夫长负责领导一百个士兵,军衔和职级相当于现代军队的上尉。虽然被抓,但恺撒并不担心。他向百夫长行贿,贿金丰厚。百夫长抵挡不住诱惑,最终放了他。然后，他逃走了。

两位古代历史学家几乎记录了现在所知的关于恺撒早年生活的所有细节。而对恺撒后期流浪生涯的描述，两位历史学家的记录多少有些矛盾。描述同一件事时，在描述与这一事件相关的事时，他们的描述却各不相同，以至我们现在无法确定具体事件的时间顺序。无论怎样，恺撒发现自己在罗马附近已经不再安全，就向东逃去。他带着几个随从一直走到海边，登上一艘船，彻底离开家乡。历经多次冒险，长期漂泊，他们终于到达小亚细亚，最后到达北岸的比提尼亚王国。此时，比提尼亚王国的国王是尼科美德四世。恺撒进入尼科美德四世的宫殿，开始为尼科美德四世效力。同时，苏拉已经停止追捕恺撒，并赦免了其罪行。但赦免发生在这之前还是在这之后，如今已无法确定。无论如何，恺撒都十分留恋尼科美德四世宫殿的美景，任凭时光流逝，毫无返回罗马共和国的打算。

小亚细亚南边，有一片荒凉多山的地区，叫奇里乞亚。托罗斯山脉延伸至此，靠近大海，地势陡哨，此处是崇山峻岭，彼处则是峡谷深渊。海岸之滨，海岬隆起，四周险峻，其间遍布深水港湾。因此，奇里乞亚有很多水手和登山好手。奇里乞亚人建造轻快的帆船，在地中海上抢掠财物。他们有时抢劫只身航行的船，有时抢劫商船。他们实力非常强大，甚至多次登陆占领港口和城镇。他们经常控制城镇，对抗周边的各种力量。不过，为了对抗实力过分强大的对手，他们有时也会退到自己的港口。那里满是堡垒，守卫森严，一般追击者不敢冒险深入。即使占领海港或城镇，这些永不服输的蛮族也能快速撤退到深山要塞。想要追上他们，简直是难如登天。

奇里乞亚人既有着海上斗士的勇猛和能力，又有着登山者的英勇和无畏。但他们也有不足之处。他们没有对缔造国家来说至关重要的东西：没有自己的诗人和历史学家，所有事迹只能靠敌人传诵给后人。如果能讲述自己的功绩，他们也许会这样描绘自己的历史：奇里乞亚人数量不多但英勇，多年以来一直追求光荣的征服事业，通过征服，获得了不朽的声誉。作为敌人，罗马人称奇里乞亚人为"劫匪与海盗"，并且永远是劫匪与海盗。

事实上，奇里乞亚的指挥官们很有可能并没有像其他征服者那样不断地、有计划地侵害他人的权利，掠夺他人的财产，但他们可能会随心所欲地占有属于私人的财产。即使在基督教时代，当发现通过海上运输的私人财产时，某些国家也会随意掠夺。但奇怪的是，这些国家从不随意掠夺陆地上的私人财产。不管在地中海沿岸的港口之间发现的是什么货品，奇里乞亚海盗认为都可以掠夺。他们截获从西西里岛运往罗马共和国的粮食，用以填满自己的粮仓。他们截获亚历山大大帝船上的丰富商品——有时船上装满来自东方的黄金、宝石和昂贵的织物。他们常常绑架频繁往返于意大利和希腊的富人，扣留人质索要赎金，从而获得大量金钱。以这种方式抓到罗马的将领和政府官员，他们感到特别自豪。这些人要么带兵出海征战，要么带着积累的财富从行省返回。

罗马共和国多次派出远征军，任命许多海军指

海盗船

挥官去镇压、征服这些"人类的公敌"[1]。有一次，一个叫安东尼乌斯的杰出将军，带领船队追击一群海盗。这群海盗袭击了意大利的沿海地带——罗马共和国南部的尼西亚。这是安东尼乌斯的古老世袭庄园所在地。海盗掳走了他的家族成员，让他支付大笔赎金。海盗屡屡得逞，胆子越来越大。最终，他们几乎切断了意大利和希腊之间的往来。这里危险重重，商人不敢运输货品，旅人不敢冒险经过。海盗的活动范围越来越靠近罗马共和国。最后，他们竟然进入了台伯河，出人意料地夺走了一艘停靠的罗马共和国的船。恺撒四处漂泊期间，就曾落入这群海盗之手。

海盗们截获了恺撒的船。当时，这艘船正在爱琴海东北部的一座名叫法尔马科尼西的小岛附近航行。这次，恺撒不再像当年出逃罗马共和国时那般寒酸，而是拥有与自己的职位相匹配的随行人员。海盗见此，立即认定他是一个重要的人物。他

---

[1] 罗马人曾这样称呼他们。——原注

们抓住了恺撒，把他关在船上，索要赎金，答应筹够赎金后就会放了他。

在这种情况下，恺撒尽管拥有权力，却不得不听任无法无天的海盗的摆布。然而，在与海盗相处时，他始终表现出自己的优越感和指挥官的霸气。这使这群海盗非常震惊，也使他得到了这群海盗的赞赏。最后，他们几乎任由他按照自己的意愿活动。恺撒问赎金的金额，他们说要二十塔兰同。这是一个不小的数目，一个塔兰同就是一大笔钱。听到这个要求后，恺撒嘲笑了他们一番，对他们说，显然他们不知道自己抓住了什么人，他将会给他们五十塔兰同，而不是二十塔兰同。于是，他让随从上岸，到熟悉的地方去筹钱，只留下一名医生和两个仆人。随从走后，他仍被扣留在船上。但他像主人一样，想睡觉时，如果有吵闹声，就命令他们安静。他与海盗们一起在甲板上运动，开展娱乐活动，在比赛中超过他们，时时刻刻保持自己的领袖风范，读自己写的演说词和诗给他们听。如果这群野蛮听众欣赏不了，他就训斥他们，说他们是没有任何品味的蠢蛋，同时告诉他们，如此不开化，则没有任何前途可言。

一天，海盗们问恺撒，如果他将来抓住他们，将如何处置他们。恺撒说，他会把他们所有人钉死在十字架上。

赎金终于送来了。恺撒将赎金交给了海盗。按照之前的约定，海盗用一艘小船将恺撒送到岸上。到了小亚细亚海岸，恺撒立刻航行至最近的港口——米利都。他在那里装备了一支小型船队，离港出海，驶向海盗停靠的水域。他发现他们仍然在那儿待着，未曾离开。他攻击他们，夺得船舶，取回赎金，把他们全都囚禁了起来。送俘虏上岸后，他兑现了曾经说过的要把他们钉死在十字架上的誓言。他命人割断了他们的喉咙，把尸体钉在岸边早已准备好的十字架上。

逃离罗马共和国期间，恺撒去过罗得岛——他的老师莫隆曾居住的地方。在那里，他继续学习。恺撒仍然期待有朝一日能出现在罗马广场上。其实，他也收到了来自罗马共和国的朋友的消息：罗马共和国已经安全了，他可以返回罗马共和国了。苏拉逐渐隐退，最后死了。当时，贵族派虽然依旧处于权力的中心，但马略代表的平民派开始从全面崩溃中逐渐恢复——苏拉夺权时，曾疯狂报复平民派，平民派被完全压制。因此，家人朋友认为，恺撒可以妥善安排，安全返回罗马共和国。

恺撒回来了，但不是怯懦地偷偷回来的——他性格中根本没有怯懦成分。一回到罗马共和国，他就公开支持平民派。他曾取道马其顿去比提尼亚，他的第一个公开行动就是指责马其顿总督，弹劾这个叫多拉贝拉的属于苏拉派的强势的执政官。让人们惊诧的是，他竟敢如此大胆地抵抗苏拉派的势力，尽管只是间接地抵抗，也依然是大胆之举。审判开始，恺撒出现在广场上。他的演讲充满力量，赢得了阵阵热烈的掌声。当然了，人们普遍对这个案件具有浓厚的兴趣。大家似乎都明白，在对多拉贝拉的攻击中，恺撒是平民派的英雄。大家重新燃起希望，因为他们终于找到能够接替马略的领袖，重建事业。多拉贝拉得到苏拉派演说家的有力辩护，被无罪释放，因为当时苏拉派仍然掌权。然而，恺撒的大胆出击及在此过程中表现出来的非凡能力，唤醒、激励了罗马公民。这次行动也使他成为罗马城里最引人注目、最杰出的人物之一。

在成功和掌声的鼓舞下，恺撒的权力意识越来越强，逐步开始公开担任平民派领袖的角色。他致力于在公众集会和法庭上公开演讲。他经常被聘为辩护人，为被控犯有政治罪行的人辩护。人们觉得他是他们的领袖，对他的所作所为非常有好感，而他的演讲和训诫也确实展现了高超的智慧。总之，他的胆量和能力使他获得了极高的威望；他的地位也随着威望的提升越来越高。

最后，马略的妻子，也就是恺撒的姑姑亡故。自丈夫被剥夺公民权并被处死后，她就一直默默地生活着。平民派被彻底镇压后，没人敢冒险把她当朋友。然而，恺撒为她准备了一场隆重的葬礼。广场上有个讲坛。在重大场合，演说家经常站在那里发表演说。讲坛上装饰着战船上的铜喙，这是罗马人在之前的战争中夺来的。装饰着铜喙的讲坛叫"rostrum"，复数形式为"rostra"。因此，讲坛的名字叫"Rostra"（演讲台），即"喙"的意思。在重大公共场合，人们都会聚集到这里聆听讲话。[①]在葬礼上，恺撒颂扬马略的妻子。他站在演讲台上，面对众多观众，大胆演说，向人们展示马略的某些雕像。这些雕像在马略死后被藏了起来。在这样的场合发表这样的演讲，等于否认了苏拉及贵族派对马略的谴责和判决。这次演讲使他赢得了更多听众的崇拜和掌声。在场的贵族试图派代表驳斥恺撒这一大胆的行为，但持续不断、如雷鸣般的掌声淹没了他们的驳斥之声。人们用掌声来欢呼、认可恺撒的言论。恺撒的尝试确实很大胆，也很危险，但很成功。

之后不久，恺撒又有了一次发表葬礼演说的机会。这次是为自己的妻子，秦纳之女——科涅莉亚。在马略执政掌权期间，秦纳一直是他的有力支

---

① 在现代书籍中，有时称这个讲坛为"Rostrum"，用单数形式表示。——原注

持者。在罗马共和国，这样赞扬女性不常见，除非这个女性高龄而逝，寿终正寝。然而，恺撒故意这样做。同时，他把这视为良机，视为替自己争取更多公民支持的良机。这次尝试也很成功。他致辞时真情流露，人们非常满意。由于科涅莉亚是秦纳的女儿，恺撒赞美逝者的出身和父母，趁机称颂那些被苏拉剥夺公民权而被杀害的人。总而言之，贵族派忧心忡忡，因为他们看到恺撒正在迅速巩固地位、获取民心，恢复平民派的力量和活力。平民派权力的恢复肯定会冲击贵族派，甚至会结束贵族派每个人的政治生涯。

不久，恺撒接受了任命，其影响力和权力迅速扩大。当时，公职人员和公职候选人都喜欢花费大量金钱举办表演和赛事，用以取悦公民。恺撒在这些方面的开销巨大。大规模公民集会期间，他带着角斗士进入罗马大型竞技场参与角斗。这些角斗士来自遥远的行省，训练他们需要花费大量金钱。恺撒还购买了大量阿非利加野兽，让野兽与俘虏打斗来取悦公民。俘虏被俘后就会面临这种可怕的命运。他还举办了极其豪华的娱乐活动。这些活动花费巨大，极尽奢华。在这些娱乐活动中，他与宾客交往；在其他场合，他与普通公民交往。他总是彬彬有礼，态度谦和。这让他获得了大众的喜爱。

很快，恺撒不仅挥霍掉了所有钱财，还债台高筑。不过，这样的人反倒获得无限信任。因为大家都知道，他一旦成功掌权，很快就会回馈帮助过他的人。商人、工匠和遥远行省的农民，都愿意给他钱财，以填补他的亏空。但他开销太大，又负债累累。因此，有些人对他的能力和权力信心不足，认为他彻底垮掉了。

关于恺撒面临的这些困难，以及他将如何设法摆脱困境，笔者将在下章详细叙述。

第 3 章　　*CHAPTER III*

走向权力中枢

Advancement to the Consulship

公元前67年，恺撒已在罗马城待了九年，一直在为权力奋斗。每次付出努力，他总能收获成功。他屡屡加官晋爵，职位越来越高，影响力越来越大，威望也越来越高，直至成为罗马共和国威望最高、权力最大的人物。当时的相关事件被记录下来。这些记录以令人印象深刻的方式呈现了罗马共和国当时奇怪的施政方式——野蛮暴力和合法施政同时出现。

罗马共和国的很多重要部门的职位都由公民投票决定。由于公民没有多少机会了解政府议题的好坏，因此多是根据自己的喜好投票——喜欢谁，就给谁投票。当时，公众人物几乎没有什么道德原则，因此他们会不惜一切代价获取个人知名度。如果想成功任职，他们需要贿赂有影响力的人来支持自己。他们有时会许诺官职，有时直接给钱。候选人竭尽所能地取悦公民。由于公民太多，无法全部给予职位或金币，他们就通过举行表演、赛会及各种娱乐活动来取悦公民。

现在看来，这种做法有些荒唐。不过，奇怪的是，当时的罗马人竟然心安理得地接受这种做法。羊毛出在羊身上，费用最终还是要公民来承担。然而，时至今日，这种看似荒谬的做法仍然没有被完全废弃。在法国，歌剧院、戏剧院等机构，都由政府出一部分资金维护。政府的这种慷慨行为，某种程度上提高了政府的受欢迎程度。只是现在，这种做法更加系统化，也更加规范化。不过，本质上它们还是大同小异。

实际上，为公民提供娱乐，满足公民需求，保护公民，是政府的责任和目标。然而，在当时的罗马共和国，人们一致希望尽量限制政府的职责和功能，比如，只让政府维持公共秩序和公共安全。人们宁愿自己满足自己的需求，自己为自己提供娱乐享受，也不愿让政府满足自己的需求。因为他们非常清楚，后一种情况必须由自己承担费用，虽然可能暂时没有费用，但最终可能会是双倍的费用。

然而，我们必须明白，在罗马共和国时期，为人们提供大规模的公共娱乐活动是有一定原因的，因为当时的罗马人的家里几乎没有什么娱乐设施。与现代人相比，当时的人们更愿意到户外或公共场所参加娱乐活动。罗马共和国全年气候温暖宜人，为户外娱乐提供了条件。与现代人相比，当时的罗马人对通过自身努力获得私人财富的增加不感兴趣。罗马社会不是由商人、制造商和公民组成的社区。罗马人不是依靠自己的劳动使自己获得财富，同时使其他社会群体受益，而是主要靠外地进贡和将军们以国家名义在战争中掠夺的财富而生活。他们的娱乐也是这样：通过征服带回俘虏，将俘虏训练成角斗士，通过角斗士对决，获得愉悦。他们带回雕像和画作，装饰城市公共建筑；还从各地搜刮谷物，发往罗马共和国；有时甚至连土地也是掠夺而来。他们将掠夺的土地，或者没收的土地，分割划片，分给公民，还不时制定一些法律条文，即土地法，就像现在分发国家或富人的财产来安抚公民一样，美其名曰"平均地权"。

因此，罗马共和国很大程度上是靠征服来维持国家运转的。也就是说，某种意义上，罗马人依靠掠夺生存。罗马共和国就像一个大型集团，一个为掠夺而组建的有效又强大的机构。然而，将罗马共和国称为一个由强盗构成的国家并不能完全解释罗马共和国的功能。因为从某种意义上讲，罗马人为维持公共秩序，维护世界和平做出了一定的贡献。他们建设城市，修建道路，建造港口、码头，筑造城堡保护自己。他们保护商业，发展艺术，鼓励文学创作，推进全人类的安宁与和平。他们反对暴力和战争，但自己挑起的战争除外。他们如此"统治"世界，就如许多统治者一样，认为自己提供了服务，就有权获得舒适、便利的生活。

当然了，可以预料，罗马人之间会为获取更多战利品而发生内斗，因为总是会有野心勃勃的人出现。他们渴望赢得新的征服机会，带回新的战利品。而赢得胜利的人利用征服得来的战利品积累财富，为公民提供更多的公共娱乐，当然也会更受公民的欢迎。因此，在各地强取豪夺，在罗马城奢侈地挥霍，成为掌权者升迁必须采取的策略手段。

恺撒心无旁骛地研究这一策略，把成功的希望全部寄托在平民身上。当然了,在元老院,他也有许多竞争对手和政敌。他们一度阻挠他的计划和行动,不过最后总是他取胜。

恺撒最早的重要职位之一是财务官。他离开罗马城,到西班牙行省去赴任,作为总督的副手,管理西班牙的财政。在西班牙任职期间,他自己财务匮乏的情况得到了缓解,但很快他就对这个官职感到不满。有一天,在加地尔——如今的加的斯,他意外看到了亚历山大大帝的雕像矗立在一座公共建筑内。这更加深了他的不满。亚历山大大帝三十岁英年早逝,死前已经称霸世界。恺撒当时已三十多岁,想到自己虽然比亚历山大大帝多活了几年,成就却小得可怜。思虑及此,他非常难过。到目前为止,他只是一个行省二把手。这无法满足他的野心,他想成为罗马的最高掌权者。这个想法使他寝食难安。任期未满,他就离职回到了罗马城。归途中,他在内心谋划出了取得权位的终极计划。

恺撒的对手和政敌指控他涉及多个阴谋。这些阴谋多少有些叛国罪的性质，但指控是否公正，如今不得而知。他们声称，恺撒的计划之一是支持相邻的统治之地的公民。那些被统治的公民希望获得自由，恺撒与当地公民一起建立了武装军队，企图占领罗马城。据说，为了阻止恺撒，罗马共和国推迟了派遣远征军剿灭海盗的行动。这支远征军原本是为剿灭奇里乞亚海盗而组建的。恺撒意识到当局的防备，放弃了自己的计划。

之后，恺撒又被指控打算在元老院谋杀元老，然后伙同同谋篡夺最高权位。恺撒的好朋友克拉苏拥有巨额财富。这个阴谋就与他有关。如果计划成功，恺撒就会成为独裁官。然而，尽管恺撒曾试图用丰厚的奖励引诱克拉苏，但行动前，克拉苏因为胆怯放弃了。其实，勇气是穷人才具备的美德，富人因拥有太多财富，总是瞻前顾后。

虽然元老院嫉妒、怀疑恺撒，不断指控其罪行，但公民支持恺撒。恺撒越是被当权派憎恨，反倒越受公民欢迎。他们选举恺撒担任市政官。市政官主要负责管理城市公共建筑，负责庆典赛会及庆典赛会上的表演。恺撒积极履行职责，安排盛大的娱乐活动，大量扩建、修缮建筑物，在角斗场和斗兽场周围修建门廊和广场，豢养大量角斗士。贵族派认为恺撒表面是在训练角斗士，实际上打算把角斗士作为武装力量，用以对付政府。因此，他们制定法律限制角斗士的数量。恺撒按照新的法律规定减少角斗士的数量，娱乐表演的规模也因此受到影响。他让公民明白，娱乐规模的缩减应该归咎于谁。人们窃窃私语，反对元老院，恺撒则比以前更受公民喜爱。

然而，这样一来，恺撒又债台高筑了。为了解决负债问题，他希望管理埃及。当时，埃及富甲一方，但并不是罗马共和国的行省，而是一个与罗马共和国结盟的独立王国。恺撒建议征服埃及，使埃及成为罗马共和国的一个行省，并归自己管理。这一提议非常唐突。他的借口是埃及人最近废黜并驱逐了国王，因此，罗马人可以以此为契机占有埃及。但元老院并不同意这样做。这可能是因为有些人嫉妒恺撒，也可能是因为元老院有一些有正义感的人存在。激烈斗争后，恺撒不得不放弃该计划。他对贵族派深恶痛绝，因为他们阻碍了自己的计划。为了报复，一天夜里，他把马略的一些雕像和纪念柱安放在了朱庇特神殿。苏拉掌权时命令撤除的东西又回归原位了。马略——平民派的杰出领袖，贵族派的敌人——倒台后，所有用以纪念他的东西全被拆除，其中就有这些雕像和纪念柱。这些雕像和纪念柱曾经矗立在朱庇特神殿，为了纪念马略取得的胜利。然而，苏拉上台后，它们全被拆除摧毁。现在，恺撒下令制造了新的雕像和纪念柱，甚至比之前的更加宏伟壮观。不过，这些雕像和纪念柱是被秘密制造并在夜晚被竖立起来的。作为市政官的恺撒为这个计划的实施提供了便利。第二天早上，当看到这些壮观的雕像和纪念柱重新矗立在朱庇特神殿时，整个城市的人都兴奋起来，欢呼之声不绝于耳。贵族派愤恨交加，恼羞成怒，说"他只是一个市政官，却想用一人之力恢复整个元老院正式下令废除的东西。他在挑战我们的耐心。如果我们屈服，他就会采取更大胆的行动"。贵族派发起一场摧毁雕塑和纪念柱的行动，但公民聚集在一起，誓死保护这些雕像和纪念柱。元老院发现无法与公民抗衡，最终放弃了。恺撒赢得了胜利。

科涅莉亚死后，恺撒娶了庞培娅。不久后，恺撒和庞培娅离婚了。这种情况在当时非常少见。当时，罗马共和国有很多特殊的宗教仪式、宗教节庆等，"良善女神秘仪"就是其中之一。这个活动只能女性参加，所有与男性有关的元素一概被排除在外。如果举办庆祝活动的地方的墙上有男性画像，它们都要被蒙起来。大家跟着音乐的节拍一起跳舞，参与各种神秘仪式，度过了整个夜晚。根据当时的风俗习惯，这种庆祝形式具有半具娱乐、半具宗教性质。

一次，"良善女神秘仪"要在恺撒家里举办。作为男性，恺撒自然要回避。夜半时分，人们在其中一个房间里发现了一个男子。这个男子皮肤细腻，很年轻，穿着一件女装，简直跟女人一模一样。然而，事实证明，他是一个男子，名叫克洛狄乌斯。

他尽管家财万贯，家世显赫，却卑鄙放荡。他贿赂了庞培娅的女仆，由其带着进入了恺撒家里。不过，大家都怀疑此事得到了庞培娅的允许。事实究竟是什么，我们不得而知，但恺撒还是立即与妻子庞培娅离了婚。元老院下令调查，传唤了恺撒，但他无话可说，因为他一无所知。于是，元老院问恺撒："既然没有证据证明庞培娅有罪，为什么离婚？"恺撒回答说："恺撒的妻子必须不容置疑。"

克洛狄乌斯无法无天，又喜欢铤而走险。那个时代暴力又混乱，他后来的故事也充分说明了这一点。他与米罗卷入了激烈的斗争，双方都想拥有更多的追随者。最终，几乎整个罗马共和国都被卷入了他们之间的争斗。只要出门，双方都会带上武装队伍，冲突随时可能发生。最后，冲突爆发了，双方打了起来。克洛狄乌斯被杀。克洛狄乌斯虽然被杀，但局势比之前更混乱，甚至形成了不同的派别，就是否应该审判涉嫌谋杀的米罗争斗不休。最后，米罗被送上法庭，但群情激愤。审判米罗时，为确保法庭安全，执政官调兵把整个罗马广场围了起来。

　　事实上，那个年代，任何特殊事件都会引发公民的参与，暴力事件很容易演变成公众事件。一次，在恺撒任职期间，发生了一起恶劣的阴谋事件。这起阴谋由臭名昭著的喀提林领导，针对的对象是元老院和政府高层部门。其实，喀提林打算摧毁现任政府，并在此基础上建立新政府。恺撒也被指控参与其中。阴谋被发现后，喀提林逃走，其他阴谋分子被逮捕。就如何处置这些阴谋分子，元老院爆发了长期、激烈的辩论。有人认为应该将这些阴谋分子全部处死，但恺撒强烈反对。恺撒认为应该剥夺他们的财产，把他们囚禁在意大利的边远城市。辩论异常激烈，恺撒极力坚持自己的观点，甚至到了动手解决这一问题的程度。这阻碍了辩论进程。这时，突然闯进一队武装人员，直指恺撒。这引起了现场的混乱和恐慌。恺撒身旁的一些元老慌忙起身躲避危险。有些胆大的元老，或者说忠于恺撒的元老，则聚在他身边，用身体挡住武器，保护他的安全。恺撒很快就离开了元老院，很长一段时间都没有回去。

尽管恺撒的影响力和权力不断提升，但运气不佳。他曾经债台高筑，在竞争罗马共和国的一个很高的职位时窘况百出。他竞争的这个职位叫大祭司。大祭司的名字源于拉丁语"pons"，是"造桥者"的意思。大祭司最初的职责是主管城市桥梁的建造和监管，后来增加了神殿管理、宗教仪式的管理等职责，直到最后演变成了具有崇高地位和荣誉的"教皇"。恺撒全力以赴地竞选这一职位，利用一切手段，花费大量钱财，也因此债台高筑。一旦竞选失败，他将彻底陷入万劫不复的深渊。母亲同情他，在他早上出门参加竞选时，亲吻了他。他告诉母亲，夜晚大祭司将会走进家门，否则，他将永不踏入家门。他成功了。

曾经，元老院用一条法令罢免了恺撒的职务，但他决定置之不理，继续在位掌管事务。然而，元老院利用自身优势，试图用军事力量阻止他。他发现不能继续任职后，就放弃坚持，脱下袍子，直接回家了。两天后，局势逆转。大量平民来到他家门口，支持恢复他的职位。但出乎人们意料的是，他并没有鼓动平民这样做，而是利用自己的影响力安抚了这群愤怒的平民，然后遣散了他们。暴乱一开始，元老院就十分警惕，召开了紧急会议，研究对策以应对危机。他们发现恺撒自己出面，用个人威望挽救了整座城市，深感其隐忍和大度，就请其来到元老院，正式向其表示感谢，并撤销了之前的决定，恢复了他的职务。毫无疑问，在之前的罢免投票中，有一群人并不支持罢免恺撒，但因票数不够，罢免恺撒的决议还是通过了。恺撒拒绝了平民提供的帮助，而这些帮助足以改变元老院的决议。这样一来，反倒使元老院被迫自我否决了之前的罢免决议。这种突然又明显的变化，在公民集会中经常发生，有时甚至让人难以置信。

此事之后，恺撒又陷入了另一个困境——有确凿的证据证明他和喀提林阴谋有关。一个元老说，喀提林亲自告诉自己恺撒是他的同谋。另一个证人维提乌斯也向罗马治安官告发恺撒，提供了恺撒的亲笔手书，力证其参与设计了喀提林阴谋。恺撒非常愤怒。他澄清自己的方式与往日他的一些其他行为一样奇特。他下令逮捕了维提乌斯，重金惩罚并将其投入监狱。他还设法在审判过程中，向中心广场的平民揭发维提乌斯。这些平民一直维护、支持恺撒的事业，对维提乌斯毫不手软，施以重拳。维提乌斯几乎是死里逃生。罗马治安官也被关进监狱，因为他胆敢利用维提乌斯提供的信息对付恺撒。

最终，由于不知节制，恺撒负债累累。他必须做出改变，以填补亏空。这时，他已位高权重，成功将西班牙置于自己的管理之下，准备开始履职。但他的债权人要他偿还债务后才让他离开。进退维谷之际，他成功与克拉苏做了协调。克拉苏富可敌国，野心巨大，但不够聪明。克拉苏同意给恺撒做担保，以让债权人安心，但将来恺撒要回馈克拉苏。安排妥当后，恺撒立即悄悄地离开了，就像料定如不及时离开会有新的事情发生一样。

恺撒经陆路前往西班牙，途经瑞士。有一天晚上，他和侍从来到了一个群山环绕的小村庄。这个小村庄很不起眼。他们在村里牧羊人的小屋停了下来。惊诧于满眼的贫穷和匮乏，恺撒的朋友认为，世界上任何一个具有野心的人，都不会在这里驻足。恺撒却说，他宁愿在这个村子当权位最高之人，也不愿意在罗马城屈居第二。这个故事被重复了上千次，一代一代流传了差不多两千年。这就是恺撒这种追求绝对权势之人的真实写照。

恺撒将西班牙行省管理得非常成功。不久，他又回到了罗马城，取得了较大的军事荣耀，获取的财富足以结清所有债务，支付竞选开支。

如今，恺撒觉得自己足够强大，非常渴望担任执政官——罗马共和国的最高职务。废黜国王后，罗马共和国的最高行政权落入两位执政官之手。执政官每年通过选举产生，选举过程非常严谨。当时的公众舆论对恺撒非常有利。同时，恺撒有很多强势的竞争对手和政敌。但这些人也相互竞争、互相憎恶。那时，庞培和克拉苏是不共戴天的仇人。他们相互倾轧，为自己的权力而战。由于卓越的军事才能，庞培具有较大的影响力。克拉苏，正如上文所说，富可敌国，也有很大的影响力。恺撒对他们二人都有一定的影响力。于是，他想出了一个大胆的计划：调和二人之间的矛盾，使他们二人与自己联手，以实现成为执政官的目的。

恺撒这一计划取得了成功。他向双方表明，如果相互竞争，只会彼此消耗，让共同的敌人得利。恺撒提议他们二人化敌为友，与自己一起，为共同的目标而战，共进共退。二人愿意接受这一提议，于是，前三头同盟成立了。他们约定各方都要竭尽所能，促进另外两方的政治升迁。只有三方一致同意，才能采取措施。恺撒忠实地履行自己作为前三头同盟成员之一的职责和义务，但实现自己的最终目标后便背信弃义了。

安排妥当后，恺撒积极着手准备竞选执政官之职。他和卢凯乌斯建立了联系。卢凯乌斯富甲天下，承诺承担恺撒选举的支出。恺撒的敌人知道无法阻挡他，就决定集中力量阻止他期望的另一个人当选执政官。于是，他们就选比布鲁斯作为候选人。比布鲁斯一直是恺撒的政敌。恺撒的敌人认为，比布鲁斯和恺撒一起担任执政官，双方会相互制衡。于是，他们捐赠钱财，使比布鲁斯的竞选开支能够和卢凯乌斯提供给恺撒的竞选开支抗衡。

最后，恺撒和比布鲁斯都被选为执政官。之后，他们二人开始履职。但恺撒完全忽视比布鲁斯，全面掌权。他推出、实施一项又一项措施，只为满足公民的需求。起初，这遭到了比布鲁斯和元老院主要成员的强烈反对，尤其是小加图。小加图是个严厉又顽固的爱国元老，软硬不吃。但恺撒如今已经足够强大，毫不犹豫地镇压了反对派。一次，在元老院，他下令逮捕小加图，并将其关进了监狱。另一个主要元老站起来，跟在小加图身后。恺撒问他到哪里去，他说要跟小加图一起去监狱。他还说，自己宁愿待在监狱里，也不愿和恺撒共事。

恺撒完全不把比布鲁斯放在眼里，独立执掌政权。最后，比布鲁斯彻底气馁、失望，辞去所有官职，闭门隐居，留下恺撒独自掌权。

罗马人习惯在历史书籍和叙事著作中，用在

位执政官的名字纪年，而不是像我们一样用数字表示。这样一来，恺撒执政期间，按照惯例，应该用"恺撒与比布鲁斯之年"纪年。但为了突出恺撒的重要性和比布鲁斯的渺小，经常用"尤利乌斯-恺撒之年"表示纪年，没有把比布鲁斯的名字放上去，而是采用恺撒的名和字来表示纪年。

第 4 章　　*CHAPTER IV*

征服高卢

The Conquest of Gaul

恺撒成功当选为罗马执政官。这是罗马共和国当时最高的职务。然而，他并没有就此满足。他想要获得更多的荣誉，得到更大的权力。要想实现这一目标，唯一的办法就是开启海外征战。恺撒渴望成为一名将军。此后，他夺得了军队指挥权，开始在欧罗巴中心地区发起战争。这一场战争持续了八年之久。这八年是他一生中最重要，也是最耀眼的时期。他的军事生涯极其成功。战争的胜利极大地提高了他的声望和权力。他也将自己的经历记录了下来。他写的书清晰，易懂，引人入胜。他的写作水平颇高，作品世代流传。时至今日，学者们仍在研读它们。这有利于他的声望的流传。

恺撒几乎征服了现今意大利北部、瑞士、法兰西、德意志及英格兰的所有区域。这是他军事生涯中的第一次重大壮举。当时，这片区域叫高卢。阿尔卑斯山脉意大利一侧的部分是南阿尔卑斯山高卢，称山南高卢或山内高卢，另一侧称山北高卢或山外高卢。山北高卢即现在的法国地区，当时有一部分已被罗马共和国征服，沦为罗马共和国的一个行省。当时，被征服的地区叫"The Provinu"。后来，这一地区的名字的拼写发生了一些细小的变化，并沿用至今，也就是现在法国的普罗旺斯。

恺撒入侵的地区均由不同的部族占领。多数部族军队组织良好、士兵英勇好战，部分部族甚至文明富有。有些部族的人开垦了大片耕地，丘陵边坡和山腰上长满绿草，形成天然牧场，遍布成群的山羊、绵羊和牛。平坦的土地上点缀着喜人的葡萄园，广阔的田野里谷物随风起舞。这些地区拥有城市、堡垒、船舶和军队。以现代观点看，他们的风俗习惯有些粗俗，战争形式也是半野蛮状态的。在书中，恺撒写道，在他征伐过的一个部族里，军队里有骑兵团，每一匹马都配有两名士兵，一名是骑手，另一名是步兵随从。如果战况不利，骑兵骑马快速撤退时，步兵就紧紧抓住马鬃，被马拽着飞奔，穿越战场，直至逃至安全地带。

虽然罗马人觉得这些部族还处于半开化状态，但恺撒认为，征服它们仍是光荣的。征战过后，掠夺、没收当地财产，收取当地人的税贡，可以获取巨额财富。因此,恺撒运用大量的政治手段和管理策略,把军队召集起来,率领并指挥了一支由三个罗马军团组成的庞大队伍。其中一支是第十军团。第十军团的士兵作战勇敢刚毅,深受恺撒的喜爱。恺撒带领着这些军团,出征高卢。那年,他还不到四十岁。

向任何一个想要征服的部族宣战,恺撒都能不费吹灰之力找到借口。当然了,那些部族之间经常发生战争,存在无法解决的争端和矛盾。由此,恺撒亲临现场,支持一方或者另一方。但其实这无关紧要,因为最终结局已定——他会主宰双方。不过,最好可以用一个例子来说明他的这种手段。我们就以阿利奥维斯塔为例吧。

阿利奥维斯塔是日耳曼部族的领袖,是罗马共和国的盟友。他带领军队跨过莱茵河征服了高卢,并征服了那里的一些部族。其中,最有名的当数埃杜维人。简便起见,我们就用这个名字称呼所有相关人物。恺撒来到埃杜维人管辖的地区,与他们谈判。如他所愿,埃杜维人请求他帮助他们摆脱日耳曼敌军的统治。其实，他如果愿意，他有足够的手段诱使埃杜维人提出这种请求。通过会谈，他找出了合情合理的借口，从而堂而皇之地介入阿利奥维斯塔与埃杜维人之间的争战。

于是，恺撒派信使跨过莱茵河给阿利奥维斯塔送信，说希望同阿利奥维斯塔就重要事务进行一次会面，请其确定时间和地点。时间和地点一旦确定，恺撒便会准时前往赴会地点。

阿利奥维斯塔回复说，如果自己想与恺撒商谈，无须等他提议。如果恺撒想面谈，恺撒必须亲自前往他的领土。阿利奥维斯塔还说，没有军队护送，去高卢对他来说不安全，同时他也不方便专门为此集结军队。

恺撒再次派信使给阿利奥维斯塔送口信，说既然阿利奥维斯塔拒绝会面，不履行义务，那么他就要明确提出要求——埃杜维人是他的盟友，受他的保护，阿利奥维斯塔必须将劫持的埃杜维人安全送回，保证今后不再派兵跨过莱茵河，也不许再对埃杜维人开战或以任何方式伤害他们。如果遵守以上条约，一切好办。如若违反，他绝不会对他的盟友的遭遇坐视不管。

阿利奥维斯塔并不惧怕恺撒，因为他从未与恺撒交战过，也不曾见识过恺撒的英勇，所以没有理由害怕恺撒。他回复道，他不明白为什么恺撒要介入这场战争。

阿利奥维斯塔接着说："埃杜维人曾经尝试与我们作战，但大败。他们必须认清现实。罗马人按照自己的方式管理征服的行省，不受任何其他国家的干涉。同样，我也按照自己的方式管理征服的地方。我可以保证，只要埃杜维人乖乖臣服，按时朝贡，我绝不伤害他们。至于你威胁说不会对他们的遭遇坐视不管，从来没有人胆敢向我们发起战争，除非你想飞蛾扑火。如果想要知道自己的结局，尽管放马过来。"

双方即刻准备开战。阿利奥维斯塔并没有坐以待毙，而是集结军队，渡过莱茵河，进入了恺撒之前说过的禁区。

然而，当恺撒开始安排军队迎击即将到来的

敌军时，营地流传起了日耳曼人身材魁梧、骁勇善战、勇敢非凡、力大无穷的传言。这让恺撒麾下的士兵陷入恐慌。最后，焦虑和恐慌不断蔓延，军官们也变得沮丧气馁起来。恺撒面临着军队不战而降的危险。

了解情况后，恺撒立即召集军队，发表演讲，以阻止恐慌情绪的蔓延。他说，他非常惊讶，士兵竟然会这样沮丧、恐慌，大家对自己竟如此缺乏信心。他还说，士兵的职责是时刻听从指挥官的指挥。一番演说后，他又说了一些与日耳曼人交战的注意事项，消除了士兵的恐惧。最后，他补充说，原本他还没有决定出征时间，但现在决定次日3时出发。这样就可以知道，哪些人因胆小而不敢出征。即便只剩第十军团，他也会亲自出征。他非常肯定，在他的带领下，士兵们绝对不会退缩。

士兵们都被他打动了，一方面羞愧于自己的行为，另一方面被恺撒的果断感染。他们感受到了恺撒的信心和勇气，于是放下恐惧，竞相投入随后的战斗中。两军相互逼近。就在此时，阿利奥维斯塔派信使传话，说如果恺撒愿意，他可以参加会谈。恺撒同意了这个提议并安排了会谈。双方均像往常一样，做好一切防备，防止对方背信弃义。

双方营地之间是一片开阔的平地，平地中间有一块高地，会谈就被安排在那里举行。阿利奥维斯塔提议双方均不可带步兵，只能带骑兵前往。带来的骑兵只能驻守在高地两侧，各自只带十名随从，骑马来到高地。恺撒同意了。就这样，两军首领骑着马，在高地进行了一次长时间的会谈。

会谈中，这两位首领实际上只是重申了之前的提议，没有任何实质性进展。最终，恺撒结束会谈，撤离了高地。几天后，阿利奥维斯塔又派人请求再安排一次会谈，或者派一名军官到营地交流。这一次，恺撒断然拒绝了。他认为派任何一个重要军官都不明智，因为对方很可能会背信弃义将其抓为人质。于是，他派遣了一名普通信使，由两人护送。这三人一踏入阿利奥维斯塔营地，就全部被囚禁了起来。虽然不知信使被抓，但恺撒已决心开战。

在这场战役中，亦如之前在谈判中表现的睿智和机敏，恺撒证明了自己在战略安排部署方面的高超技能。几天下来，双方频繁演练、调兵遣将，都希望在战役中获取最大优势。战役最终爆发，恺撒大获全胜。日耳曼人溃不成军，辎重和装备被缴，军队四散逃窜，很多士兵朝着莱茵河方向仓皇逃跑。罗马士兵全面追击。那些成功逃脱的人乘着小船、划着竹筏各自返乡。阿利奥维斯塔也找到一只小船，带着两名侍卫，渡过莱茵河逃跑了。

恺撒率军奋力追击溃逃的敌军，途中遇上了一群人。他们慌慌张张地赶着一个手脚拴着铁链的囚犯。这个囚犯正是恺撒派往阿利奥维斯塔营地的信使。不出所料，阿利奥维斯塔背信弃义，扣押了这名信使。当然了，重获自由的信使欣喜若狂，说对方士兵曾三次抽签决定是把自己活活烧死还是留待将来处决，不过自己每次都很幸运。

通过这场战争，恺撒成功控制了高卢，高卢也因此摆脱了阿利奥维斯塔的统治。高卢其他地区的部族得知恺撒取得的战绩，开始考量自己的部族应该何去何从。一些部族决定采取不抵抗策略，与恺撒联盟，寻求庇护。另外一些英勇善战或对自身实力比较自信的部族，开始联合起来抵御恺撒。然而，无论采取何种方式，结局都是一样的。恺撒的权力无处不在，并且不断蔓延扩张。他在高卢的八年军旅生涯无法用一章的篇幅叙述清楚，只能点到为止。行军、谈判、战斗、胜利，周而复始，互相交织，所有这些都大大提升了他的权势。

在自己的著作《高卢战记》中，恺撒特别描述了征战时期遇到的一些人的生活方式和风俗习惯。例如，有一个地区，土地共有，整个社会运转建立在全民皆兵的庞大军队基础之上。这个地区被划分为一百个行政区，每个行政区有两万人可以携带武器。如果这些人都被征召入伍，将组成一支二十万人的军队。但按照惯例，只有其中一半的人组成军队，另一半人则留在家乡耕田种地，照料牲畜。这两部分人每年互换角色，士兵变成农夫，农夫变成士兵。因此，他们都熟知营地的艰难困苦、重重危险，也习惯连续不断、相对安稳的农耕、放牧生活。土地多数用于放牧，少量用于耕种。因为比起耕地，牛羊可以被驱赶到别的地方，更容易避免被掠夺和强占。孩子们几乎从小就被培养得适合野外生活。他们在冰冷的溪水中洗澡，几乎不穿什么衣服，经常在群山之间狩猎，以此强身健体。这里的马品种优良。人们从小骑马，骑马时不用马鞍和缰绳。马被训练得服服帖帖，非常听话。有时，在战斗中，骑兵跳下马协助步兵作战，马会原地不动地等待骑兵归来。完成任务后，骑兵跃身上马，重新成了骑兵。

恺撒尽管在军队管理方面非常独断，但深受士兵的爱戴。当然了，士兵在战场上必然面对各种艰难困苦，恺撒常常与他们同甘共苦，很少听到士兵的牢骚抱怨。行军过程中，他一马当先。一般情况下，他会骑马前行，有时也步行。苏埃托尼乌斯在自己的作品中指出，行军过程中，无论天气好坏，恺撒经常不戴帽子。恺撒这样做的动机我们不得而知，但他完全没有必要这样做，除非是在特殊场合。如果没有办法过河，他就会和部下一起蹚水或游泳过河，有时还会把装满空气的袋子放在腋下增加浮力。一次，为了让军队顺利渡河，他下令在莱茵河上架起一座桥。修建这座桥时，桩被打进河床的沙子里，桩上铺上木板。恺撒认为在莱茵河上架桥是个了不起的尝试，就用笔记录下了造桥过程。通过他的记叙，我们发现，他下令架桥的原理与现代架桥原理几乎完全一样。

被征讨的地区臣服后，恺撒会在重要的行军路线上设置了一系列驿站，沿线每隔十英里或二十英里，就安置马匹物资。这样一来，在紧急情况下，他和军官或信使，可以随时以最快的速度在驿站找到备好的马匹。用这种方式，他一天可以行进一百英里。当时这一制度主要用于军事，几乎被所有欧洲国家一直沿用至今。驿站的设立，既适宜马车旅行也适宜骑马旅行。一家人买一辆马车，准备好旅途必备的舒适、便利的设施，在沿途的每个村庄都可以更换驿马，并向下一站前进。因此，他们可以自由控制旅行速度，行动不再受马匹耐力的约束。某些原因让这项设计没有被引入美洲，现在就更不可能被引入了，因为铁路系统毫无疑问会取而代之。

征战期间，恺撒最举世瞩目的行动就是远征不列颠岛。他这么做或许是出于对冒险的热爱，或许是出于渴望在罗马共和国为自己赢得声誉。此前，罗马士兵从未到过如此遥远的地方。恺撒为自己入侵不列颠岛找了个完美的借口，那就是在与高卢的战争中，不列颠岛上的人总是穿过英吉利海峡帮助高卢人。

入侵不列颠岛之前，首要任务是获取关于不列颠岛的信息。当时，大量商人带着便于运输的货物从一个地区到另一个地区进行贸易活动，对去过的地区了如指掌。到达今法国北岸后，恺撒尽其所能，找来大量商人询问横渡英吉利海峡的方式、英格兰的港口情况、地理状况及军事力量。不过，令人遗憾的是，这些商人提供的信息少之又少，只知道不列颠岛是个岛屿，却不知其具体的边界范围，也不了解当地风俗。那些商人说，他们一般是在南海岸登陆，进行买卖，从未深入这片地区的内陆。

在紧急情况下，恺撒毫不犹豫、果断勇敢。但在其他时候，他还是非常小心谨慎的。登陆前，他命令先装备好一艘船，船上配有一名军官和一些船员，指挥他们穿越英吉利海峡到达英格兰海岸，沿陆地各个方向航行几英里，观察寻找最便利的港口及登陆地点，再查看海岸的整体情况。这艘船是单层甲板的大帆船，配备着众多桨手。船上的将士们个个身强体壮，这样可以保证在遇到危险时能及时撤退。船上的指挥官是沃卢森纳斯。他带领船员起航了，士兵们目送着这艘船驶离海岸。沃卢森纳斯一行去了五天，回来后给恺撒讲述了所见所闻。

与此同时，恺撒召集大量帆船，打算用这些帆船搭载士兵横渡英吉利海峡。他计划带领两个军团挺进不列颠岛，其余兵力驻扎在高卢各个要塞，以备入侵不列颠岛后发生不幸时能安全撤退。在登陆点驻守大量兵力更是必不可少。除了八十艘满载步兵的运输船，恺撒还委派了十八艘船运送骑兵。骑兵与步兵从不同港口出发，两地相距约

恺撒率军登陆不列颠

八十英里。

适宜登船出发的日子终于到了。士兵登船，扬帆起航。由于出海时机要根据风向和天气状况做出相应改变，因此出发时间无法提前确定。适宜出发的时间一到，步兵便乘船起航，但命令传达到骑兵集结的港口还需一些时间。此外，还有其他原因也耽搁了一些时间。据此推断，罗马军团第一次登陆不列颠岛海岸时，先登陆的步兵不得不孤军奋战。

1时，恺撒的船队起航。与此同时，不列颠人得到恺撒入侵的消息，集结了大量步兵、骑兵、战车，做好了充分的防御准备，时刻准备保卫海岸。罗马士兵靠近登陆点。登陆点的海岸由一排白垩质的悬崖峭壁组成，悬崖峭壁间分布着类似山谷的开口，有的下方还藏着狭窄的海滩。罗马船队驶近陆地时，恺撒发现悬崖上处处驻守着不列颠士兵，每个登陆点都被严防死守。当时已是10时，他发现无法登陆，就命令船队停泊在海岸附近，远离敌人的攻击范围。

恺撒暂停登陆。几小时过去了，其间，所有船陆续到达，甚至是那些在起程时耽搁了或在横穿英吉利海峡时行进缓慢的。恺撒召集军队高级将领，详细阐述了接下来要采取的登陆计划。约15时，他把将领送回到各自的船上，命令他们沿着海岸航行。冒着风浪，船队起锚，继续航行。不列颠人察觉到这一举动，在陆地上跟随罗马船队移动，以便随时阻击在任何可能登陆的地方的罗马士兵。不列颠人的骑兵和战车提前出动，步兵紧随其后。为了能跟上罗马船队的速度，他们步履匆忙，急切地向前行进，以赶在罗马士兵抵达登陆点前做好阻击准备。

罗马船队继续前进了约八英里，来到一片相对平缓的海岸。这里看起来容易登陆。恺撒决定尝试登陆，把船拉上岸，尽可能接近海滩。他命令士兵带着武器跳入水中。不列颠人早已在此等候，一场可怕的恶战随之爆发。罗马士兵半浸在水里，在翻滚的浪花中与不列颠人打斗，鲜血染红了海面。此时，几艘大帆船抵岸，甲板上的士兵用梭镖和弓箭攻击陆地上的不列颠人。最终，恺撒获胜，赶走了不列颠人；罗马士兵占领了整个海岸。

后来，恺撒经历了各种各样的冒险，在不列颠岛多次死里逃生。最终，他征服了许多偏远地区，获得了极高的声誉。但此外，再没有其他的东西。不过，这些荣誉对他来说不可或缺。事实上，通过征服高卢、意大利，他已经家喻户晓，远征不列颠岛又让他声名大噪。公民听说他们之前就一直爱戴的恺撒接连获胜，个个喜出望外。更多的荣誉、更大的权力在等着恺撒，人们时刻准备迎接他的回归。

从军事角度看，恺撒征战的英勇事迹足以震古烁今。希腊历史学家普鲁塔克在总结这些战绩时表示，恺撒夺取了八百个城市，征服了三百个地区，与三百万人进行了激战，俘虏了一百万人，在战场上杀死了一百万人。对恺撒个人来说，他花费八年的时间征战，只是为了满足自己的统治欲。对人类来说，这是多么具有毁灭性的行为啊！

第 5 章　　*CHAPTER V*

庞 培

Pompey

当恺撒像耀眼的太阳光芒四射时，罗马共和国还有一位将军征战于世界其他地区，以相似的方式赢得了与恺撒相同的声望。他就是庞培。后来，庞培成了恺撒的劲敌。为了让读者清楚了解两位英雄之间的斗争，我们现在回顾一下恺撒彻底征服高卢前庞培的生平事迹。

庞培生于公元前106年，年长恺撒几岁。庞培的父亲斯特拉博·庞培是一位罗马将军。庞培从小生活在军营里，年轻时相貌英俊、彬彬有礼。他的头发稍微有些鬈曲，黑色的眼睛充满智慧和活力。另外，他的表情、神态和谈吐都散发出让人难以抗拒的魅力。从小，他就具有非凡的吸引力。

尽管很受欢迎，即使还很年轻，对任何人不存在什么威胁，但庞培依然无法摆脱动荡年代存在的各种各样的危险——这似乎是每个公众人物都要面临的情况。在马略和苏拉的斗争中，恺撒加入了平民派，而庞培的父亲斯特拉博·庞培支持苏拉。在苏拉和马略争斗期间，庞培尚年轻。有一次，有人想把庞培的父亲斯特拉博·庞培烧死在营帐里。庞培的同僚特伦提乌斯与庞培同居一个营帐，受人贿赂想要将庞培杀死在睡梦中。庞培意外得知了这个阴谋，并没有慌乱。相反，他安排卫兵守护父亲斯特拉博·庞培的营帐，跟平时一样与特伦提乌斯共进晚餐，谈天说地，甚至比平时更随意、更友好。当晚，他伪装了床铺，好像自己躺在床上，然后偷偷溜走了。约定时间到了，特伦提乌斯走向庞培的床，以为他睡在那里，连刺数刀，被子、床单多处被刺穿。不过，他肯定丝毫没有伤到庞培。

在马略和苏拉争斗期间，庞培经历了各种各样的苦难、九死一生，此处不再一一赘述。士兵们痛恨庞培的父亲斯特拉博·庞培，却喜欢庞培。士兵们有多喜欢庞培，就有多恨他的父亲斯特拉博·庞培。有一天，斯特拉博·庞培的营帐被闪电击中，斯特拉博·庞培被劈死了。大概是因为斯特拉博·庞培平时残忍地压迫士兵，士兵们非常痛恨他，所以不允许人们悼念他，也不同意为他举行葬礼。他们把尸体从架在焚尸柴堆上的棺材里拉出来，无情地拖走了。斯特拉博·庞培死后，还被指控挪用公款。庞培在罗马城市中心广场为父亲斯特拉博·庞培辩护，想证明父亲斯特拉博·庞培是清白的。在这场辩护中，他大获全胜。初审时，在场之人听到年轻英俊的庞培的辩护，被深深地吸引了，都支持他。在他继续辩护的过程中，他雄辩的能力和不容置疑的气势赢得了一片掌声。主审法官对他的表现非常满意，对他寄予厚望，并将女儿安蒂斯夏许配给了他。庞培欣然接受，娶她为妻。

庞培迅速脱颖而出，地位越来越高，后来获得了一支军队的指挥权。事实上，这支军队的大部分士兵是由他自己招募的。面对苏拉的敌人，他身先士卒，成功打败了敌人。后来，在意大利东海岸，他同时被三支军队围困。敌军缓慢逼近，认为一定会彻底击败他。苏拉获悉庞培被困，想尽办法营救他。救兵抵达前，庞培已经与敌军交锋，将敌军各个击破，成功打败了敌军。苏拉到达时，庞培列队出迎。出迎规模十分壮观，号角齐鸣，旗帜招展，后面是被囚禁的众多丢盔弃甲的敌军。苏拉非常吃惊，也很敬佩他。庞培尊称苏拉为英白拉多——当时的罗马宪法规定的最高头衔。本来位高权重的苏拉也配得上这个称号，但为表尊敬，他把这一最高赞誉给了庞培。

庞培出发前往罗马城。他立下的汗马功劳、独特的人格魅力及苏拉对他的赏识，使他的地位越来越高。然而，他并没有像大多数年轻人那样扬扬自得、居功自傲。相反，他谦虚稳重，得到了大家的认可。认识他的人都对他交口称赞。当时，有一位老将军，叫梅特鲁斯，驻守高卢。可能因为年事已高或其他原因，在管理上，梅特鲁斯表现平平，毫无建树。他的事情发生在恺撒征战高卢之前。苏拉提议让庞培取代梅特鲁斯，而庞培回复称，无论从年龄看，还是从性格看，他都不适合取代梅特鲁斯，但如果梅特鲁斯需要他的协助，他一定会立即赶赴高卢，为他鞍前马后地提供服务。得到这一消息后，梅特鲁斯写信邀请庞培前来。庞培受邀而来，取得的成就之大，获得的荣耀之多，前所未有。

古代历史学家描述的逸事能使我们更加了解庞培的优秀品质。然而，有些事似乎揭示了庞培性格的另一面。比如，受梅特鲁斯邀请前往高卢取得一系列成就后，庞培回到了罗马城。苏拉更加欣赏庞培，也更依赖庞培的忠心，希望和庞培联姻，加深关系。他提议庞培与妻子安蒂斯夏离婚，然后和自己的继女艾米莉亚结婚。当时，艾米莉亚已经嫁人，因此，需要让她先离婚，然后才能与庞培结婚。然而，庞培认为这样的安排似乎没什么不妥，也没什么困难。他抛弃了自己的发妻，让别人的妻子取代了她的位置。现在看来，这种行为不仅严重违反了法律，更违背道德。不难预料这种不道德的行为也不会有什么好结果。安蒂斯夏深陷痛苦之中，不能自拔。她父亲因为庞培的原因丢掉了性命，母亲也因为家庭的不幸痛苦绝望，自杀身亡。庞培的新妻艾米莉亚婚后不久也因难产而亡。

然而，家庭的烦恼并没有给庞培职业生涯的成功与荣耀带来什么阻碍。苏拉又委派给庞培另一个重要任务，庞培圆满地完成了。庞培曾奉命远赴阿非利加，在那里取得了赫赫战功。他按时完成了远征任务，载誉归来。他麾下的士兵非常忠诚于他。苏拉召庞培返回罗马共和国时，还差点儿引起哗变。士兵们不愿听从于苏拉这个罗马共和国当时权势最高之人的吩咐，更愿意推举庞培成为权势最高之人。庞培最终竭尽全力，想方设法平息了士兵的情绪，使军队恢复了正常秩序。然而，此事传到了罗马共和国，传到了苏拉那里，结果成了庞培因不愿放弃军队指挥权，在阿非利加领军叛乱。苏拉起初非常愤怒，认为自己的权威受到了"一个男孩"[1]的轻视和冒犯。不过，得知事情原委后，他对这个年轻的将军更加敬佩。他亲自出城迎接庞培，称他为"英白拉多"。直至此时，庞培方才安心享有这个称号。

现在，庞培的虚荣心开始作祟。他要求给自己举行凯旋式。凯旋式是一种盛大、辉煌的仪式，将军获胜而归都会举行这种仪式。有权享受凯旋式

---

[1] 庞培当时还很年轻。——原注

的那些将军一般年龄较大，军职较高。通常，凯旋式上会有一支规模庞大的游行队伍，展示凯旋者的各种徽章、胜利标牌、战利品及带回的战俘等，还有一支乐队伴随着游行队伍。游行队伍在一片欢闹声中进城，各类旗帜迎风招展，经凯旋门进入罗马城。一般情况下，是否举行凯旋式必须由元老院投票决定。投票通过后举行的凯旋式才名正言顺，更能彰显凯旋式的主人公当之无愧。当时，苏拉作为独裁官，权力至高无上。于是，庞培向苏拉提出了请求。

苏拉拒绝了庞培的请求。他承认庞培在阿非利加战役中的表现可圈可点，确实值得称赞，但其年龄和级别都没有达到举办凯旋式的标准。苏拉说道，如果将如此殊荣授予年龄和职级都达不到标准的年轻人，只会使这个荣誉本身蒙羞，也会使自己的独裁官权力受损。

对此，庞培在集会上低声对周围人说，苏拉不必担心凯旋式不受欢迎，因为人们总是崇拜冉冉升起的朝阳，而不是日暮西山的落日。苏拉没有听清他说什么，但看到他周围那些人的表情，察觉到他应该是说了些让大家非常赞同的话，就问他刚才说了什么。庞培重复了一遍刚才的话。苏拉听后似乎非常满意，觉得这句话很有道理、充满智慧，于是宣布"给庞培举办凯旋式"。

于是，庞培安排好所有必需物资，举行了一场极其壮观的游行。此前，他听说城里有人嫉妒他年少成名，对他要求举行凯旋式表示不满。这坚定了他要把凯旋式办得更加壮观的决心。他从阿非利加带回一些大象，计划乘坐四头大象拉的游行车，与游行队伍一起进城。但经过测量，城门宽度不够，大象游行车无法通过，只好作罢。于是，他改乘常规的马拉车，大象跟随队伍鱼贯而入，奖品、战利品等紧随其后。他乘坐马车置身其中，犹如众星捧月，熠熠生辉。

凯旋式结束后，庞培在罗马城待了一段时间，不时担任各种受尊敬的职务。他经常被叫到罗马广场辩护。无论何事，他总能成功。然而，他似乎不再愿意与平民亲密交往。他非常清楚如果经常与平民讨论一般性问题，自己的军事声望很快就会被淹没。因此，他尽量不出现在公众面前，即使出现，身边一般也会跟随着大群武装随从。他威风凛凛地走在前面，看起来像是一个攻城略地的将军，而不是一个热爱和平的公民。就实现未来的雄心壮志这一目标而言，庞培这一行为非常睿智。他非常清楚，将来自己有机会采取更加有效的行动来提升自己的权力和名望，不应该置身于普通市政事务的辩论中。

最后，庞培终于等来了机会。公元前67年，恺撒进入了元老院。在第三章中，笔者曾经提到过奇里乞亚海盗。这群亡命徒毫无顾忌，为非作歹，实力越来越大，掠夺范围不断扩大。罗马共和国意识到必须采取有力措施镇压他们。在马略与苏拉内战期间，奇里乞亚海盗的人数以惊人的速度增长。他们建造、配备、组建了完整的船队，在地中海沿岸拥有各式要塞、军械库、码头、瞭望塔等，还在安全隐蔽的地方修建了大量仓库存放掠夺品。海盗船舶装备齐全，配有经验丰富的船长，各类物资一应俱全。海盗的船无论是速度还是安全系数都是其他船无法匹敌的。许多船极其奢华,有镀金的船尾、紫色的遮阳篷和镶银的船桨等。据说,海盗拥有上千艘桨帆船。凭借如此强大的力量,他们几乎成了海上霸主,不仅袭击单独往来的船,还抢劫配有护航队的商船。这增加了将粮食运往罗马共和国的难度,以及运送粮食的成本。通过劫掠粮食,海盗囤积居奇,抬高价格。他们在许多岛屿和沿海城镇称王称霸,拥有四百多个港口和城市。实际上,他们拥有完备的管理体系,形成了一定气候,以至于来自其他地方的上流社会的年轻人也开始参与海盗活动,意图走上一条名利双收的"光荣之路"。

显然,面对这样的形势,罗马共和国必须做出果断的决定。庞培的一个朋友提议任命一个人去抗击海盗。但此人必须能力非凡,能够彻底消灭海盗。他没有提议让谁去,但大家都清楚庞培意欲前往。他还提议,去消灭海盗的人,要在海上拥有最高指挥权,在沿海五十英里的陆地区域也要具有最高指挥权。此外，这个人还要有权筹集庞大的船队和兵力，能从国库中调用一切必要的金钱，用以支付相关巨额费用。罗马共和国目前没有与这些权力相匹配的职务，有必要设立这一职务。如果设立这一职务的法律获得通过，并任命一人担任这一职务，显然这个人会被赋予巨大的权力。但这一任务责任重大，罗马人民会要求他严格履行职责，出色地完成任务，因为大家已经把一切必要的权力无条件地交付于他。

由此，罗马人民展开了大量的部署、操作和辩论，一方赞同通过设立这一职务的法律，另一方反对。此时，恺撒虽然没有庞培声名显赫，但他的影响力和权力也获得了迅速提升。他支持通过这一法律，据说是因为他感觉人民会赞同这一法律。最终，这一法律获得通过，相关部门得以成立，庞培被任命为指挥官。庞培接受委托，开始着手准备攻打海盗。任命庞培的消息一传出，罗马粮食价格应声下跌。即使赔本，粮商也急于出手手中的粮食，因为他们相信庞培的出征会给罗马共和国带来充足的粮食。

不出大家所料，庞培成功了。他采用系统的办法，耗时三个月，消灭了海盗，完美诠释了个人策划指挥、集体联合行动是可以以最快的速度取得巨大的胜利的。这个例子在古今史书上都有记载。具体实施方式如下：

庞培组建、装配了大批桨帆船，把它们分成不同的船队，每个船队都由一名指挥官指挥。然后，他将地中海划分为十三个区域，每个区域指定一名指挥官带领船队守卫。船队出发前往各自的既定位置后，他从城中出发，亲自前去指挥作战。在他前去指挥战斗的路上，大批公民跟着他，不断地高声欢呼。

庞培从直布罗陀海峡起航，率领一支强大的船队向东方进发，沿途驱逐海盗。同时，沿岸驻守的指挥官进行警戒，防止海盗找到退路或避难之处。一些海盗船被包围拿下，还有一些逃跑了。庞培的船队一路追赶，最终把海盗赶出了西西里岛海岸及意大利与阿非利加海岸之间的海域。罗马共和国再次与南边产粮的地区建立了联系，大量粮食立即涌入罗马共和国。看到庞培成功地完成人民交托的任务，罗马共和国举国同庆，人人兴高采烈，欣喜若狂。

意大利半岛和西西里岛位于地中海北岸，向地中海延伸，与彼岸的阿非利加大陆隔海相望。意大利半岛和西西里岛伸入地中海的部分与阿非利加大陆之间形成一条海峡，将地中海分成两片海域。现在，海盗已经被完全驱逐出西部海域。庞培派主船追击海盗。主船穿过西西里岛和意大利南部到达布林迪西——意大利西部的一个大港口。他将率军从陆上穿越意大利半岛，然后经罗马城加入在布林迪西的船队。与此同时，那些逃脱追击的海盗已经退到奇里乞亚附近的海域，在那里集中兵力，准备做垂死挣扎。

庞培在罗马城受到了热烈的欢迎。他走近罗马城时，人们纷纷成群结队地前来迎接他。然而，他没有留在城中享受荣耀，而是尽快采购必需物资，继续出发。在布林迪西与船队会合后，他立即登船出海。

庞培继续追击海盗，自始至终保持着同样的气势和决心，丝毫没有改变。有些海盗发现自己被围困，活动海域越来越小，就放弃挣扎主动投降。虽然海盗有罪，但庞培没有严厉惩罚他们，而是人道地对待他们及落入他手里的海盗妻小。这使许多海盗纷纷主动投降。最终，抵抗的海盗越来越少。尽管大多数海盗已经投降，但仍有部分顽固分子决不投降。这些人想方设法带着剩余力量撤退到奇里乞亚海岸的据点，把妻儿送回山中相对安全的要塞避难。

庞培在后面追逐着海盗，用带来的武装好的桨帆船把他们围困起来，切断他们一切可逃路径。最终，双方在奇里乞亚海岸上演了一场大决战。通过这场决战，海盗被彻底消灭了。庞培摧毁了海盗的船舶，拆除了他们的防御工事，把他们占据的港口和城镇返还给原来的主人，把海盗及其妻儿遣送到内陆，让他们成为农民或牧民，希望他们能够在划定的区域自力更生，依靠自己的劳动成果安居乐业，不再侵扰海上贸易。

此事之后，庞培没有回罗马共和国任职，而是被罗马共和国政府派往小亚细亚，执行新的任务。他在那里征战了几年，像恺撒在高卢一样完成了自己的征服事业。最后，他回到了罗马共和国，举行了罗马共和国当时最盛大的凯旋式。游行队伍展示的战利品、俘虏，象征胜利的物品，以及大量宝藏和掳掠品等，花了两天时间才被全部运进城。没有展示的剩余物品足以举办另一次凯旋式。总之，庞培此时正站在辉煌与名望的巅峰。

然而，庞培发现，在罗马共和国他仍有一个宿敌和竞争对手，这人就是克拉苏。克拉苏之前就曾是庞培的对手，现在又表现出了新的敌意。在两人的斗争中，庞培主要依靠自己的声望，而克拉苏依赖自己的财富。庞培试图用自己对外征战中带回的狮子和大象取悦公民；克拉苏则向公民发放粮食，并在重大场合，邀请大家参加公众盛宴，款待公民，答谢大家的支持。据说，有一次，克拉苏用了一万张桌子宴请公民。整个罗马城遍布两大政敌的争斗。正在此时，恺撒从西班牙回来了，用前文已经提到的手段来消弭两人之间的争端，在两人之间调和斡旋。他把庞培和克拉苏联合起来，和自己一起组成三头同盟，这就是罗马历史上著名的"前三头"。不过，对抗只是暂时得到抑制，并没有真正消失。克拉苏的死亡使其很快退出政治舞台。此后的一段时间里，恺撒和庞培继续维持着表面上的联盟关系。恺撒将女儿茱莉亚嫁给庞培为妻，以巩固两人之间的关系。恺撒比庞培小六岁，所以茱莉亚与庞培之间的年龄相差悬殊。但茱莉亚全心全意地依恋着自己的丈夫庞培，庞培也很喜欢她。实际上，她是两个强大的征服者之间的一根牢固的纽带——只要她活着，纽带就不会断。然而，有一天，在一次选举的过程中发生了暴乱，庞培身边有人被杀，他的长袍上沾满了鲜血。他换了衣服。仆人把换下的衣服带回家。茱莉亚看到后非常害怕，以为丈夫庞培死了。她晕倒了，健康受到严重影响，过了一段时间就死了。随后，庞培和恺撒很快便公开为敌。他们二人都野心勃勃。显然一个世界不能同时满足两个人的野心。在之前攀爬权力的山峰时两人相互扶持,现在已经接近峰顶。目前的问题在于,谁能抢先占领制高点。

第 6 章　*CHAPTER VI*

渡过鲁比肯河

Crossing the Rubicon

古代意大利北部有一条小河，向西流入亚得里亚海，人们称之为鲁比肯河。这条河因下面我们要叙述的事件而名垂青史。

鲁比肯河是一条十分重要的界河，但体量很小，以至于我们现在不可能确定流入亚得里亚海的三条小河，到底哪一条是曾经享有盛誉的鲁比肯河。历史上，鲁比肯河气势恢宏，川流不息，地位非常显耀，近两千年来一直备受关注。但在自然界中，人们无法确定哪条河才是鲁比肯河，因为它多次改道，甚至随着时间的推移很有可能已经消失不见了。

鲁比肯河非常重要，因为它是意大利北部地区与罗马南部地区的分界线。意大利北部地区由波河流域构成。这片地区叫山南高卢，由恺撒管理。鲁比肯河以南由罗马城直接管辖。为了对外征讨，罗马人组建了强大的军队。为防止军队威胁罗马城，罗马人对军队进入罗马城有严格的规定和约束。鲁比肯河是罗马北部的边界，高卢的将军们决不能带兵跨过这条河，否则就是造反和叛国。因此，鲁比肯河就成了限制军权的标志和象征。

恺撒在高卢的征战即将结束。他越发想统治罗马共和国，想方设法巩固自己在罗马的权力，千方百计地防止、阻挠庞培的图谋。在罗马城，他有自己的党羽。这些人以恺撒的名义做事。恺撒给予大量金钱支持他们，让他们为公民谋取福利，笼络民心，获取支持。例如，他令人重修罗马广场，修得极其雄伟壮观；还举办盛大的庆祝活动，在庆祝活动上安排了一系列的赛会、表演和公共盛宴；茱莉亚亡故，他大操大办她的葬礼；给公民分发粮食；遣送大批俘虏到罗马城，训练成角斗士，然后到剧院表演，供公民娱乐。有时，他也从公民中物色能人志士。这些人具有一定的影响力，但因为挥霍无度而债务缠身。他替他们还清债务，赢得了他们的支持。这些开销数额巨大，让人震惊。大部分人怡然自得，沉浸在恺撒给予的欢乐之中时，而有些人也在反思，震撼于恺撒力量的巨大，担心这种力量很快就会吞噬罗马城。

看到庞培获得了与恺撒同样的威望和权势，支持恺撒的人非常着急。庞培不具备恺撒具备的优势。恺撒统治着富饶的行省，有源源不断的财富。这一点庞培不如他。但庞培始终驻扎在罗马共和国，因为性格良好、处事得当，所以深受公民喜爱，在罗马共和国威望很高。其实，庞培是罗马人的偶像。一次，他离开罗马城去了那不勒斯，在那里患病，度过几天危险期后就康复了。那不勒斯有人提议公开祭神，庆祝庞培康复。这一提议受到了热烈追捧，各个城市争相效仿，直至整个意大利都这样做。到处是游行、赛会、表演、庆典，举国欢庆。当庞培从那不勒斯返回罗马城时，沿途城镇人群涌动，大家都出去迎接他。希腊历史学家普鲁塔克说过，沿途的大路、村庄和港口到处摆满供奉的物品，举办着娱乐活动。人们头戴花环、手拿火炬，为庞培引路，沿途还铺满了鲜花。

庞培本来就认为自己无论是声望还是权力都远在恺撒之上，大病康复引发的公民热情与掌声更证实了他的想法。他说自己并不担心恺撒，无须采取什么特别措施防范恺撒从高卢回来后可能采取的阴谋诡计。他还说，恺撒现在拥有的地位正是拜自己所赐，想让恺撒倒台易如反掌。

此时，恺撒在几个行省的任期即将结束。他预料到自己将会与庞培一争高下。他带领几个军团穿过阿尔卑斯山脉，逐渐向前挺进。他有资格跨越山南高卢到达鲁比肯河。他脑中萦绕着各种计划，希望能够压倒强劲的对手，获取至高无上的权力。

恺撒认为声势浩大地公开宣战，以吓退庞培，不是明智之举，这样会引发庞培的强烈反击。他应该掩藏自己的计划，使对方放松警惕。于是，他带着少量兵力向鲁比肯河出发。为避人耳目，他在离鲁比肯河不远的拉韦纳安营扎寨。他时常参观当地的风景名胜，以此迷惑对手。庞培昔日与恺撒还是好友时，曾借给其一个军团，现在要求其归还。恺撒毫不犹豫，按照庞培的要求将军团送回了罗马城。同时，他还附送了自己的部分兵力，以此表明自己丝毫不关心麾下到底有多少兵力。这种行为似乎与谋反完全不相干。

此时，在罗马共和国，恺撒支持者和庞培支持者之间的斗争日趋白热化，让人日益恐惧。通过罗马城的朋友，恺撒提出竞选罗马共和国执政官的要求。支持庞培的人坚称，恺撒如果想参选执政官，首先必须放弃军权回到罗马城，然后以普通公民的身份参加竞选。这是罗马法律规定的。恺撒回复称，如果庞培愿意放弃军权，自己也愿意；否则，只要求自己放弃军权，有失公允。他还说，自己为国家效力，得到一些回报理所应当，并且政府应该主动奖励他。作为奖励，一些严格的普通条款，可以适当地放宽。在大多数公民看来，恺撒的这个要求合情合理，于是大家纷纷声援他。支持庞培派的人以严厉、固执的小加图为首。小加图认为这个要求完全不可理喻，坚决反对。双方情绪激昂，极其愤怒、狂热。然而，更多的人冷静理智，他们对马略和苏拉的内战记忆犹新，对即将到来的危险感到不寒而栗。庞培却毫不担心，敦促元老院尽力拒绝恺撒的全部请求，还扬言说，如果恺撒胆敢进军罗马城，自己就能立即召集足够多的兵力，把其踩在脚下。

这场斗争充满了动荡和冲突，计谋和盘算，投票和法令，此处无法一一赘述。庞培不在罗马城，因为他指挥着一支军队。任何将军指挥军队期间，都不能进入罗马城。最后，元老院激烈的争辩戛然而止，因为其中一个执政官起身离开，说自己不想再听大家讨论这个问题，是时候行动了——他会派一名指挥官带领军队防御恺撒的入侵。恺撒的重要朋友——两位护民官，乔装打扮成奴隶，北上去加入恺撒的军队。全国上下骚动不安。显而易见，罗马共和国政府对庞培信心不足，也更忌惮恺撒的野心。一时间，就恺撒争夺权力的事情，谣言四起，到处流传。恺撒态度强硬，坚持反对他的人无计可施。为了避免危险，人们制订了上千个计划，并且各持己见。这无疑乱上加乱。最后，整个罗马城笼罩在恐惧中。

与罗马城的情形不同，恺撒安静地驻扎在离边界三四十英里的拉韦纳，正忙于修建一个击剑训练场地。他似乎将全部精力用于研究建筑师们为场地做的设计和模型。当然了，他计划进军罗马城，不是单纯依靠现在手中的兵力，还要依赖可能在罗马城得到的支持与合作。因此，他计划尽量低调、秘密行事，尽量不暴露出任何迹象，不让周围可能的奸细或者其他人发现自己向罗马城进军的蛛丝马迹。如果被发现，肯定会有人向罗马城告发他的密谋。于是，就在起事前夜，他还在忙于击剑训练场地的事情，与将士们假装无所事事，以防有人怀疑。

当天，恺撒秘密向南派遣几个军团，命其驻扎在鲁比肯河河岸。他照常与朋友们闲聊吃饭，饭后还一起到公共场所娱乐。夜幕降临，街上一片寂静，他只带了几个侍从秘密出城。不同于往日的装备，为避免引人注意，他们从附近牵来几头骡子，套在马车上，开始行动。前方有火把照明，他们趁夜赶路，却发现因为准备匆忙，火把不足。后来，火把燃尽，向导迷路，恺撒——未来的世界霸主，此时茫然失措，不辨西东，直到天色破晓，方才遇到一位愿意带路的农夫。在农夫的带领下，他们回到正路上，继续前行，顺利抵达鲁比肯河河岸，并在那里找到了几个先遣军团。那几个先遣军团已经在此安营扎寨，静候恺撒的到来。

恺撒在河岸上驻足，思考着这个冒险的行动。因为只要渡过鲁比肯河，自己就没有退路了。站在旁边的军官说："现在我们还可以撤退，但一旦渡河，就没有了退路。"恺撒愣了一会儿，知道这一决定非同小可，也深知此事将会带来的后果。往前一步，可能会实现伟大的梦想，也可能会万劫不复。这也关系着广大公众的利益，尽管他没有过多考虑公众利益。最终的结果表明，几百年来，整个罗马的发展，都受到了恺撒此时决定的影响。

有一座小桥横跨鲁比肯河，正立在恺撒面前。传说，恺撒站在桥上，附近的农田间走来了一个牧羊人——也可能是农夫，手里拿着笛子。这种笛子是一种由芦苇做成的简单乐器，为当时的乡村乐师广为使用。士兵和一些军官围坐一团，听牧羊人吹笛。军中的号兵带着号子走了过来。牧羊人放下自己手中的笛子，拿起一个号兵手上的号子，吹起了冲锋号。冲锋号是军队极速前进的信号。牧羊人边吹边过桥。"这是预兆！这是天意！"恺撒喊道，"木已成舟，让我们应召神谕，开启伟大的征程吧！"

说着，恺撒跨过小桥，军官们号令拔营起寨，命令各队人马跟随恺撒前进。事实充分表明，恺撒一生当中，根本不相信什么预兆。但同样，也有很多事例证实，恺撒总是准备随时利用人们对预兆的迷信，激发人们的热情，缓解人们的恐惧。因此，牧羊人的故事，不管是纯属偶然，还是恺撒为了达到目的故意安排的，或者是当时讲故事的人无中生有或小题大做，都为渡过鲁比肯河增添了额外的戏剧性效果。

过桥后，恺撒立即集结士兵，发表了激情澎湃的讲话，告知全军正在经历的重重危机，表明自己已经完全与大家同呼吸、共命运，力促全军与自己并肩作战，完全效忠自己。他的言辞鼓舞了士气。他还承诺成功后厚赏将士们。将士们一呼百应，承诺誓死效忠他。

渡过鲁比肯河

紧邻鲁比肯河的罗马城镇是阿里米努姆①。恺撒渡过鲁比肯河向阿里米努姆进发。城中官员主动打开城门迎接恺撒,就像迎接自己的指挥官一样。恺撒的兵力不多,只带了几个军团渡河。不过,他已经派人传令调遣留在高卢的军团,令他们不得拖延,即刻跟进。尽管增援似乎没有必要,因为阿里米努姆并无抵抗的迹象。他严令士兵不得破坏任何公共财产、侵夺任何私人财物,也不得侵犯公民。因此,他所到之处,无不受到当地人民的普遍欢迎。其他城镇也都纷纷效仿阿里米努姆的做法,主动投降。事实上,这些城镇投降的速度远远快于恺撒占领它们的速度。

恺撒渡过鲁比肯河之前,元老院在混乱不堪的辩论、投票后,最终通过一条法令。这条法令解除了恺撒的军队指挥权,任命阿赫诺巴布斯担任军队指挥官。他是恺撒进军罗马唯一的真正反对者。为接替恺撒执掌军权,他率军越过亚平宁山脉,北

---

① 里米尼的旧称。——译者注

上抵达科尔菲尼奥。亚平宁山脉到科尔菲尼奥的距离约为罗马城到鲁比肯河之间的三分之一。就在科尔菲尼奥，恺撒率军迎面出击，将阿赫诺巴布斯重重包围。

短暂围攻后，恺撒占领了科尔菲尼奥。阿赫诺巴布斯及其人马全都沦为阶下囚。他们感到绝望，以为恺撒会残忍报复，但恺撒非但没有这样做，反倒立即将他们悉数纳入麾下，并且释放了阿赫诺巴布斯。

与此同时，恺撒渡过鲁比肯河、所向披靡的消息传到了罗马城，让原本惊慌失措的人们更加惶恐不安。不过，关于恺撒兵强马壮、迅速挺进的报告其实有些夸大其词。支持庞培的人和元老院尽力散布恺撒的谣言，激发公民的抵抗。现在，恺撒突破各种阻碍，击破各个城镇，直逼罗马城。这令支持庞培的人和元老院甚是惊慌。庞培也开始害怕即将到来的危险。元老院召开军事会议，在会上无助地向庞培寻求保护，想避免危险。然而，事实上，危险正是庞培带来的。庞培曾经说过，任何时候他都能召集一支军队，阻止恺撒的脚步。元老们告诉庞培，现在是他采取行动的时候了。

其实，庞培意识到各方局势都对自己十分不利。有人建议他派使者同恺撒谈判讲和。不过，庞培明白，在这种情形下与恺撒达成的任何和解都是自取灭亡。于是，他否定了和谈的建议。小加图突然离开罗马共和国，去往自己的行省西西里，其他人也四处逃散。庞培无计可施，又不敢停留，只好号召支持自己的人与自己一起，趁夜匆忙出逃。他们没做什么准备，也没有带什么补给，就退到亚得里亚海岸去了。他的目的地是布林迪西——一个对希腊和马其顿来说非常重要的港口。

恺撒向罗马城逐步挺进。将士们热血沸腾、士气高涨。恺撒横渡鲁比肯河时，与罗马城的联系就被阻断了，所有的物资供应全被切断了，除非他攻进罗马城，占领神殿。但士兵们选择无偿为他效力。将领们也聚在一起，提出捐献自己的物资。恺撒对待将士们一向慷慨大方，将士们能如此回报他，他非常满意。

恺撒发现，越向罗马城挺进，所到之处的公民越支持自己。他们震撼于恺撒释放阿赫诺巴布斯的大度。的确，释放阿赫诺巴布斯展现了恺撒的慷慨，是一个非常精明的策略。事实上，一个人只有是一个真正慷慨大度之人，方能明白慷慨大度对人生的意义。

在恺撒现存的信中，有一封提到了此事。"我很高兴，你赞成我在科尔菲尼奥的做法。这样一来，我们将赢得各方的善意，从而确保胜利。多数征服者会因残暴不仁招致人们的痛恨，他们的统治也因此不会长久。当然了，苏拉是个例外。但我无意效仿他的暴虐。我将以新的方式取胜，广施仁政，巩固政权。"

阿赫诺巴布斯是个忘恩负义的人。被释放后，他重整旗鼓，再次攻击恺撒。得知此事后，恺撒说，这没有关系，"我做事有自己的原则，他也一样"。

恺撒的大度远不止此。昔日与庞培还是朋友时，庞培向他推荐了一些军官人选。这些人自然应当感激庞培。起事后，恺撒给了他们自由选择的权利——是去投靠庞培，还是留下。

恺撒在各方面都表现得十分大度。他远比庞培慷慨大度、宽容仁慈。本着这种态度，他展开了与庞培的较量。庞培命令所有公民都顺从自己，将中立者视为敌人。与庞培相比，恺撒在较量中占据上风。他给人选择的自由。只要不与他为敌，就都是他的朋友。当今，在各种政治竞选中，多数候选人效仿的是固执的庞培而不是大度的恺撒。他们通常倍加谴责疏远自己的人，而不是那些坚定的对手和敌人。

最后，恺撒到达布林迪西，发现庞培已经派出一部分军队越过亚得里亚海进入希腊，正在和其余军队等待船返回后运送他们过海。庞培还在城中筑起了牢固的防御工事。恺撒立即下令围攻，建造工事封锁海港入口。他命人在港口两侧建造码头，尽量向海里延伸；还命人制造筏子，将筏子放入深海，连成一排，使连成排的筏子将两个码头连接起来。此外，他还命人在筏子上搭建瞭望塔，派兵驻守，希望以此阻止庞培从城中逃走。他希望，完工后能完全封锁庞培，切断其所有可能的逃跑之路。

然而，在工事完工前，庞培的船就返回了。工事进展十分缓慢，因为庞培不断侵扰他们：他每日都派筏子和桨帆船出兵阻挠，有时会射来阵阵飞镖、弓箭，甚至标枪，有时会派火船进攻，有时会派大型战船冲击。工人不得不在持续侵扰中，排除巨大阻力。因此，庞培的船得以在防御工事修好前返回，并设法进入了海港。庞培立即制订计划与剩余军队一起登船。

除了两条通往登船地点的街道，庞培在城中各条街上都设置了障碍和陷阱，用以延长恺撒的行进速度。为转移恺撒的注意力，登船的那天傍晚，他在城墙上增设了双倍兵力，命令他们猛烈攻击城外恺撒的军队。夜幕降临，他的军队通过两条没有设置障碍的街道到达登陆点，快速登船。城内有公民从墙上发出信号，试图向恺撒传递军情。恺撒的士兵立即拿来大量攀墙的梯子，迅速登上城墙，很快就攻破城门，占领了城市。然而，由于路障和陷阱的存在,再加上到处一片漆黑,恺撒麾下的士兵行动困难,还是让庞培成功登船逃脱了。

恺撒无船可乘,无法追赶,只能返回罗马城。当然了,他在罗马城没有遭遇任何抵抗。他重建政府,重组元老院,从公共粮仓中取粮,从卡比托利欧山①的国库中拿钱。在登上卡比托利欧山拿取财物时,他发现有士兵防守。士兵们告诉恺撒,擅自入内属违法行为。恺撒称,对手持武器的人来说,根本无法可言。驻守士兵依然阻止他进门。他则说,如果不开门,格杀勿论。他威胁道:"你们要明白,对我来说,杀人比说话还容易。"于是,驻守士兵不再阻挠,恺撒随之进入了国库。

意大利、西班牙、西西里岛、高卢等地还未臣服。在这些反对他统治的地方,恺撒进行了激烈的斗争。之后,这些地区全部臣服。他开始谋划跨过亚得里亚海,追捕庞培。

---

① 意大利建城之初的重要政治与宗教中心,介于罗马广场和战神广场之间。——译者注

第 7 章　*CHAPTER VII*

法沙利亚战役

The Battle of Pharsalia

恺撒和庞培分别在亚得里亚海两岸集结军队，准备开战。此次备战在当时来说是规模最大的，引发了当时欧罗巴各地的密切关注。恺撒征服、统治整个罗马共和国西部地区期间，庞培竭尽所能，集结东部军队，扩充军力，并将全部兵力集中在布林迪西对面的马其顿和希腊沿海，因为他知道恺撒要从布林迪西横渡亚得里亚海。地面上遍布庞培的军营、分遣队、弓箭手、投石手及骑兵，各个口岸都有士兵把守。海岸线上布满投石车，海面上的战船已经就绪。对岸的恺撒率领大军抵达布林迪西，不仅要面对海岸上敌军的顽强抵抗，还要面对亚得里亚海狂风巨浪的考验。严冬的暴风雨在宽阔的亚得里亚海海面上肆虐，掀起的狂风巨浪有吞噬一切之势。

恺撒没有战船，因为庞培将一切有助于他过海的物资全部占为己有或毁掉了。不过，经过多方努力，恺撒最终成功筹得部分战船。这些战船可以运送部分兵力，但只能满足运送人员的需求，无法满足运送军用物资、行囊等的需求。于是，他召集军队，发表演讲，声称危险和辛苦的征程已经接近尾声，即将面对与大敌的最终对决。此刻，将士们无须携带奴隶、行囊、备用物资等过海，因为他们一定会战胜敌人，能够从敌人手中获取充足的补给。

  将士们听了恺撒的讲话，深受鼓舞，士气大涨。先遣队起航入海。在冰冷刺骨、波涛汹涌的海面上颠簸了一夜后，先遣队乘坐的战船停靠在了离庞培预计的北部区域一段距离的地方。在北部区域，庞培的战船正在等着他们的到来。恺撒登陆的地方，临海环山，暗礁岩石和岬角突兀，崎岖、危险。他和先遣队在此成功登陆，然后派战船返回去接剩余士兵。

  恺撒渡海的消息很快传遍沿岸各地。庞培立即召集战船和军队，朝恺撒登陆之地进发。战争拉开了序幕。恺撒战船在返回去接剩余士兵的途中，遭到了庞培一个海军将领的拦截。多数战船连同士兵或者被俘，或者葬身大海。但这使恺撒的将士更加坚定。恺撒带领登陆的军队，沿着海岸线向前挺进，紧跟庞培军队，征服了一个又一个城镇。整个地区陷入一片恐怖之中，焦虑不安。此时，对岸余部无法渡海，一方面是因为海上波涛汹涌，战船不足，庞培加强了警戒；另一方面是因为恺撒不在，他的将领无法用他那不顾一切、但冷静沉稳的胆识鼓舞士气。剩余士兵滞留在意大利海岸，焦虑悲观。与此同时，恺撒沿着马其顿海岸向前挺进，将庞培的军队追至内陆，切断了庞培的战船与陆地的联系。庞培战船上的士兵饥渴难耐，急需物资补给和淡水。为避免渴死，他们只能收集甲板上的露水解渴。恺撒的军队也深陷困厄之中。在海上，庞培的战船切断了恺撒军队的一切补给，把他们围困在陆地一侧。最后，庞培连同麾下大军，因危险逼近而惊慌失措。然而，他没能料到命运之神如此无情——他很快就被打垮了。

冬天过去了，局势却毫无进展。如前所述，双方轮番较量，彼此都焦虑不堪，经受着交战带来的痛苦。一直无法与滞留意大利海岸的余部会师，恺撒焦躁不安。鼓励、敦促的信息已经传递，余部却迟迟不来。最后，在一个夜色如墨、风雨交加的夜晚，恺撒认为狂风暴雨、惊涛骇浪会迫使虎视眈眈的敌人躲进避风港，不会继续守卫，于是，他决定亲自渡海，带回迟迟未能渡海的余部。他命手下准备一艘战船，上战船后遮住面容，不让战船上一起渡海的军官和船员知晓自己的计划。船员遵照命令，驶离海岸。他们奋起抵抗狂风恶浪，但成效甚微。惊涛骇浪带来的危机使他们恐慌不已。他们拒绝继续前进。最后，军官下令返航。此时，恺撒站了出来，摘掉面罩，对他们说："朋友们，别怕！恺撒与你们同在！"

大家深受鼓舞，但一切只是枉然。海上困难重重，难以逾越。为避免船毁人亡，恺撒被迫返航。

滞留的余部听闻恺撒为了他们亲自渡海的事。尽管这一行为徒劳无果，但他们深受鼓舞。敦促的命令再次传来、做好最后的安排后，他们立即登船起航。虽然一路上历经千难万险，但他们最后安全登陆。这样，恺撒兵力大增，开始规划开春的战事。

双方多次努力，试图谈判。但他们彼此仇恨、对抗激烈，都给彼此带来了痛苦。他们互不信任，以至于指派的专员或者特使连普通交流都难以实现。虽然也有过一两次谈判，但毫无成效。当时的投射武器的投射距离较短，投射最远的也只有几英里。因此，敌对双方的交战距离很近。这为双方近距离谈判创造了条件。有一次，庞培战船中的一些船靠近海岸，同恺撒驻扎此地的一两个副手会谈。还有一次，两军只隔了一条河。双方将士来到河边，隔水大声呼喊，频繁交流。双方通过这种方式达成协议：召开正式会谈，确定开会时间和地点，由双方自己选定的专员举行谈判。双方确实举行了正式会谈，但都带着大量侍从。果不其然，谈判结果并不理想——双方爆发冲突。最终，会谈以暴力、混乱告终。双方还相互指责，指控对方违背应该遵守的信义。

双方战事缓慢、战况不明，持续了数月也没有取得任何决定性战果。其间，也发生过暴力冲突、围追堵截，但多为简短的局部战斗，没有爆发任何大规模具有决定性意义的战役。双方你来我往，交替进退。恺撒一度遭庞培率军围困，物资供应被切断，士兵们饱受缺粮之苦。后来，士兵们挖出树根，晒干，研磨成粉，做成吃食。他们向恺撒表示，宁愿吃树皮，也不愿放弃恺撒的大业。一次，庞培的士兵靠近恺撒占领的城墙，发现他们食物匮乏，对他们极尽嘲笑、挖苦、戏弄之能事。作为回应，恺撒的士兵扔出大量吃食，暗示他们物资充裕。

不久，幸运之神开始眷顾恺撒。历经多次巧妙的调遣部署和行动，恺撒成功脱困。随即，他开始率军围堵庞培，使庞培物资短缺，饱受窘迫之苦。他切断庞培与外界的一切交流，将溪流改道，避免溪流流经庞培占领的地区。庞培四五万人的大军，还有随行的大量骡马牲畜，需要大量水源。一旦物资匮乏，甚至水源缺乏，就会面临灭顶之灾。虽然他们挖井取水，但收效甚微，水源依然不足。大批牲畜死亡，尸体随即腐烂，污染了空气，致使传染病蔓延。庞培麾下的军队因此遭受重创，伤亡惨重。其他士兵也萎靡不振，心灰意冷。

这些战事中，没有一次决定性的大规模战役。

恺撒和庞培都非常清楚,大战惨败造成的毁灭性打击无法弥补,不可逆转。两个独立国家交战时,无论任何一方取得多么彻底的胜利,战争也很难终结。因为战败方身后有整个国家,经此一败仍有可能休养生息,东山再起。即便最终战败,指挥官也不会因此满盘皆输,招致毁灭,而是可能会通过和平谈判,安全回归故土。如果公民认为他的失败并非因为指挥官指挥失败,而是受到不可抗力因素的影响,那么他还可以安度余生,享受荣华富贵。而恺撒和庞培之间的战争不属此类。战败就是叛国、篡位,会成为国家公敌。战争输赢决定了今后他们的归宿,正是所谓"成王败寇"。战胜者的权力将合法化,并确立权位,成为九五至尊;战败者将惨遭歼灭,或被迫流亡,无家可归。这样的较量是你死我活的较量。因此,较量双方都很慎重,不到万不得已不会将对手逼入绝境。

因遭恺撒军队的围困,庞培深陷绝境,缺粮少水,窘迫不堪。最后,他孤注一掷,经过一系列攻击,突破了恺撒防线,成功突围脱逃。双方大军退回内陆，在彼此驻地附近徘徊不前，宛如两只猛禽在空中盘旋，争抢食物，不断攻击对方，竞相争夺有利地势，或者围困对手。就这样，他们走过平原、跨过河流、爬过大山，直到最后抵达帖撒利亚的腹地。双方在此驻扎休整，准备决战。

这次决定性战役在法萨卢斯平原打响。法萨卢斯平原也因这次战役名垂千古。庞培实力雄厚，远超恺撒，在此前的局部战争中占尽优势。由此，他认为自己必能取胜。他命令军队沿河岸构筑一条防线，将一翼布置在河岸边，避免腹背受敌。这一翼被分成不同的战斗小组，一直延伸到平原上的另一翼。他的另一翼由骁勇善战的骑兵、投石手和弓弩手组成。他们严阵以待，备足武器装备，防止恺撒从侧翼包抄。据恺撒描述，他的兵力只有庞培兵力的一半。他说道，庞培兵力近五万人，而自己仅有两万多人。很多将帅一般会低估自己的实力，而高估对手的实力，因此，恺撒此话可信度不高。至于庞培，此战之后，他及他麾下的追随者被消灭了，我们也无法从另一个角度了解这场战役。

庞培的防线延伸到平原后方。这里是安营扎寨之地。驻守营地的士兵都被拉出去准备作战了。昨夜的营火逐渐熄灭,因为这是一个温暖的夏日清晨。一圈有士兵把守的战壕围着营地,营地上一排排的营帐里几乎空无一人。中间那个华丽的营帐是统帅之所,装饰极尽奢华。整个营地上,侍从们进进出出,忙忙碌碌。他们有的重新打理因士兵突然上岗拿武器留下的混乱;有的为凯旋的士兵准备食物。庞培的营帐里正在准备一场盛大的宴席。桌子上摆满各种各样的奢侈品,餐柜里装满各式各样的盘子。各类器皿及黄金、白银装饰品,将整个营帐映衬得富丽堂皇。

庞培及其将帅胸有成竹,认为胜利指日可待。不过,这些人相处得并不和谐。因为多日以来,他们一直喋喋不休,争论打败恺撒后,罗马要职的分配事宜。他们认为打败恺撒近在眼前。正因如此,争权夺利的时间非常有限。再过几天,他们将统治整个罗马共和国,对即将到来的战利品的瓜分各持己见,个个急不可耐、贪得无厌。

为确保万无一失，庞培下令暂停前进，不要前去迎敌。他命令将士们在两军中间地带严阵以待，静待恺撒出击。

最终的决战时刻终于来临。随着号角的吹响，进攻开始。恺撒的军队喊声震天，冲向庞培麾下的军队。战斗持续数日，战况惨烈。最后，庞培的军队节节败退。尽管庞培事先有所准备，部署了延伸至陆地的侧翼军队，但恺撒还是成功地攻破侧翼，击退庞培麾下骑兵，消灭弓弩手、投石手，最后以精锐兵力直逼庞培后方。庞培麾下的军队随即全面溃逃。骇人的混战和屠杀接踵而来。局部的胜利总会唤起疯狂，恺撒麾下的士兵曾因为愤怒陷入狂热，现在又因胜利在望而兴奋不已。他们紧追惊慌失措的庞培麾下士兵。这些士兵要么互相推挤踩踏，要么被追击者的刺刀刺穿身体而倒下。空气中到处回荡着痛苦的哀号和尖叫声。然而，现场的恐怖血腥非但没有使恺撒麾下的士兵停止攻击，反倒使他们杀红了眼。他们不断地、凶猛地攻击敌人。时间一分一秒地过去了，他们还在继续屠戮对手。场面恐怖惨烈,未睹之人难以想象,目睹之人终生难忘。

庞培意识到败局已定,匆忙逃离战场。他十分惊慌失措。士兵们则早已溃不成军,四散逃窜。有的逃进军营,徒劳地寻求避难;有的逃至其他驻地,慌不择路,期望躲避残酷的追杀。庞培本能地逃回营地。进入营门时,他焦躁惶恐地命令营门守卫拼死抵抗、坚守营门,声称自己要去其他营门御敌。之后,他便匆匆离开了。庞培内心无助、绝望,放弃了抵御的想法,心情沉重地经过营地,一路看到惊慌失措、混乱不堪充斥着整个军营。他找到自己的营帐,冲进去,瘫倒在地。满目的奢华与排场,全是为迎接胜利而安排的,现在他却陷入了六神无主、彻底绝望的境地。

第 8 章   *CHAPTER VIII*

庞培败亡

Flight and Death of Pompey

庞培麾下的士兵落荒而逃，到处乱窜。恺撒追至庞培的军营。庞培的军队在营地门口和防御墙上抵抗了一阵，但只是毫无意义的挣扎，很快就被恺撒胜利的浪潮淹没。他们不断攻破战壕，一波又一波地冲进军营。庞培在营帐中听到嘈杂吵闹之声越来越大，呼喊之声越来越近。终于，他回过神来，召集部下研究对策。一些无处可逃的士兵闯进庞培的营帐。庞培喊道："什么情况？你竟敢闯入我的营帐！"作为一个军功卓著的将军，他习惯了荣华富贵、绝对权力和最高的军中职位带来的高贵与尊严。毫无疑问，在军营、在征服的城市，他的权势不容置疑。他的营帐无比奢华、极其壮观，高贵得让人望而却步。即使是一国之君进入他的营帐，他也会感受到那无形的威严，心生敬畏。但现在，粗鲁的士兵闯了进来。空气中到处充斥着喧嚣与混乱，并且越来越近。这些喧嚣和混乱似乎在向这位落幕的英雄诉说着失败近在眼前。

庞培从恍惚中清醒过来，立即脱掉盔甲战袍，匆忙伪装起来，希望能够逃离现场。他骑马从营地后方的出口逃出，只见此处士兵和守卫也在四处逃窜，乱作一团。而另一边恺撒麾下的士兵势如破竹，步步紧逼。庞培逃离危险的营地后，立即丢下战马。他认为这样自己看起来更像是一个普通士兵。他带着一些死心塌地、愿意追随的侍从，拖着疲惫的步伐，向爱琴海的方向逃去。

此时，庞培走在帖撒利亚的土地上。帖撒利亚的地形类似于一个巨型半圆形竞技场，被群山环绕。其间，溪水流淌，浇灌着肥沃的峡谷和平原，最后汇成一条大河向东流去。这条大河蜿蜒曲折，流经两座大山之间美丽的峡谷，最后汇入爱琴海。这个峡谷就是坦佩谷。从古至今，坦佩谷四季风景如画，闻名遐迩，集柔美与壮观于一体。庞培沿着河岸上的道路前行，身心俱疲，极其沮丧。恺撒彻底胜利的消息从四面八方传到他的耳朵里，浇灭了他全部的希望。他现在唯一需要考虑的就是个人安危问题。他很清楚，自己现已处于被追捕的状态。为了避免敌人发现他的踪迹，他尽量避开大城镇，选择偏僻的小路，忍受日益增加的煎熬。最后，他来到了坦佩谷。此时，他饥渴难耐，身心俱疲。他在溪流旁坐下，稍事休息，为接下来的行程储备一点儿力气。他想喝水，却没有盛水的器具。这个曾经有权有势的统帅，营帐里满是美酒，金杯银器应有尽有，如今却只能趴在溪边的沙地上，直接喝溪水。

庞培心急火燎、千辛万苦地逃往海边时，恺撒已经彻底击败庞培的军队。当恺撒攻克营地防御时，这些士兵发现再无安身之地，只能听命于没有逃跑的将领，继续撤退。恺撒完全攻占了庞培的整个营地。他发现，庞培的营地奢华无比，到处都有驻军娱乐留下的痕迹。这说明庞培对能够战胜恺撒充满信心。将军们的营帐上盖满桃金娘枝，床上撒满鲜花，桌上摆满美食，杯中尽是美酒，准备随时狂欢。恺撒占领了整个营地，安排心腹护卫队守好这里，然后带领士兵继续追击。

庞培的部下逃到附近的一座山上，匆匆构筑防御工事，防备恺撒趁夜晚发动突袭。山丘旁有一条小溪，他们尽力保护通往水源的道路，以保障水源的供给。恺撒的士兵追逐到此时，天色已晚，来不及进攻。与此同时，他们因连续作战而疲惫不堪，需要休整。然而，他们还是控制了通往小溪的道路，架起临时防御工事，又派出一队卫兵警戒，其余人马驻扎休息。这让无助的庞培士兵整晚饱受干渴的煎熬，绝望又焦虑。他们深知这不是长久之计。于是，第二天清晨，他们便投降了。恺撒得到了两万多名战俘。

此时，庞培穿过坦佩谷直奔大海，无暇观赏沿途美丽壮观的景色，一心想着命运的无常，绝望地思考着自己最终可能的毁灭方式。终于，他来到了海边，在一个渔夫的小屋过夜。此时，仍有一小部分侍从追随他，其中还有些奴隶。庞培遣散了他们，让他们回去找恺撒投降，说恺撒是一个慷慨大度的敌人，他们不必担忧。留下的随从和庞培一起找到了一条小船，准备第二天出发。这是一条内河船，不适合在海上航行。然而，这已是庞培能找到的唯一船只了。

天刚破晓，庞培便起来了。他带着两三名随从上船，桨手们开始沿着海岸划船。不久，他们看到一艘准备起航的商船。碰巧，这艘船的主人见过庞培，知道其容貌。据一位著名的历史学家叙述，船主在前一天晚上梦见过庞培。梦中，庞培伪装成普通士兵的样子，痛苦万分。梦中，船主允许庞培上船。以当时的情况来说，这并非一个奇怪的梦。因为恺撒和庞培之间的斗争，以及最后一战中一方消灭另一方的结果已经尽人皆知。船主在最后一场战争发生前见过庞培，并且知道恺撒将庞培打败，因此，日有所思夜有所梦，梦到自己救助了这个落魄的英雄也就不足为奇了。

据说，船主看到庞培的小船，就和船员说了自己的梦。庞培已经从陆地逃到海上，以为面临的危险已经结束。不承想，在如此情形、如此伪装之下，船主还是认出了他。不过，船主虽然认出了庞培，但看到庞培处境如此窘迫，不由得悲伤万分。于是，他向庞培招手，请其上船，下令放下自己船上的救生船，去接庞培。庞培登上商船，船主就把这艘船送给了他，并且为他安排好了一切。这让庞培感到自己非常有尊严。

庞培乘船到达安菲波利斯。这是马其顿的一个沿海城市,处于庞培登船的东北方向。庞培到达港口后,向岸上发布公告,号召当地居民拿起武器,加入自己的队伍。然而,他自己没有上岸,也没有采取措施做进一步安排。他只是在流经安菲波利斯的河中等了很久。停留了一段时间后,一收到朋友从岸上送来的钱财及航行所需物资,他就又起航了。他为什么要这么做?是不是因为他知道恺撒正率领一支强军而来,他无力抵抗;还是因为他发现当地人民不愿意支持自己东山再起;或者是因为整件事都是他设计好的,只是为了把恺撒引向马其顿,这样自己就能在海上秘密地安全逃亡了?原因到底是什么,时至今日,已经成谜,我们无从知晓。

庞培的妻子科妮莉亚住在米蒂利尼所在的莱斯沃斯岛。莱斯沃斯岛靠近小亚细亚西海岸。科妮莉亚是一个集美貌、智慧和高尚品德于一身的女子,精通当时的所有知识。研究她的历史学家说,学识渊博的女性的怪癖，在她身上完全找不到。恺撒的女儿茱莉亚死后，庞培娶了科妮莉亚为妻，夫妻恩爱有加。庞培在莱斯沃斯岛上为科妮莉亚建造了一个美丽的住所。她的生活优雅，从容。因为自身的魅力，再加上丈夫庞培获得的荣誉，她受到众人的爱戴和尊敬。她经常听到庞培胜利的消息，带来消息的人也经常夸大庞培的成就，以此讨她的欢心。

看到庞培的孤船到达米蒂利尼，科妮莉亚突然感觉失去了所有。一直荣耀无比、幸福快乐的科妮莉亚，听说丈夫庞培沦落为无家可归的流浪汉，现在又亲眼所见，所有这些令她既悲伤又难过。她对这突如其来的变故震惊不已，不知所措。庞培也感叹自己遭遇的灭顶之灾。显然，心爱的妻子科妮莉亚也不可避免地被卷入了令他们彻底覆灭的境地。

虽然如此，庞培的战败带来的不只有痛苦，还有在这种痛苦下滋生的快乐和欣慰。丈夫庞培经历灾难，深情的妻子科妮莉亚陪伴左右，两人的相互陪伴和鼓励，使两人相濡以沫。也许妻子科妮莉亚什么都做不了，但只是默默地关心、怜悯和安慰庞培，也使庞培感到舒服、安心。不过，科妮莉亚也为丈夫庞培提供了一些必要的帮助。她决定，无论丈夫庞培走到哪里，她都会陪伴在他的左右。在他们的共同努力下，他们筹集了一支小型船队，匆忙准备了一些物资，带着那些心甘情愿与他们同甘共苦的侍从和追随者登上了船。在此期间，庞培都没有上岸，而是待在港口的船上。这或许是因为他害怕遭到背叛或者突袭，或许是因为他不想让那些曾见证过自己辉煌的人看到自己现在的失落和绝望。

最后，一切准备就绪，庞培率领船队起航。他沿着地中海海岸东行，希望找一处有利于自己东山再起的港口停靠。然而，所到之处都是令他胆战心惊的传言。这些传言模棱两可，真假难辨。传言说恺撒仍在追捕庞培，各行省公民也在纷纷站队，有人支持庞培，有人支持恺撒。局势十分紧张，庞培的一举一动都必须高度警惕，慎之又慎。有的港口不允许他登陆；有的地方朋友太少，无法提供保护；有的地方，虽然官员友好，但庞培不信任这些官员。尽管困难重重，庞培还是筹集了一些金钱和一定数量的船员，最终组成了一支规模可观的船队。他辉煌时期在他手下服役的高级将领，个别几个现在仍然追随着他，在船上组成了类似于委员会的机构，跟他这位曾经取得辉煌战绩如今落魄的指挥官一起，频繁地讨论最佳行动方案。

最终，庞培决定向埃及寻求庇护。其实，这也是他唯一的选择。因为除了埃及，其他地区整体上倾向于支持恺撒。多年以前，庞培曾经帮助过埃及法老托勒密十二世夺回王位。当时，庞培的很多士兵留在了埃及，现在依然还在那里。托勒密十二世已经驾崩，留下了女儿克利奥帕特拉七世和年纪尚幼的儿子托勒密十三世。二人都是托勒密十二世指定的继承人。克利奥帕特拉七世和托勒密十三世联合执政。然而，托勒密十三世，更确切地说是托勒密十三世的大臣和顾问，驱逐了克利奥帕特拉七世，想让托勒密十三世单独执政。克利奥帕特拉七世在叙利亚组建了一支军队，向埃及边境进军，想夺回属于自己的权力。托勒密十三世的大臣带领军队前去迎击克利奥帕特拉七世，托勒密十三世也随军出征。他们到达位于埃及和叙利亚接壤的边境之地——贝鲁西亚。贝鲁西亚是地中海沿岸的一个小镇。他们在贝鲁西亚登陆，安营扎寨。船舶等运输工具一应抛锚停泊。庞培一行认为托勒密十三世会接纳他们，像对待朋友一样，回报庞培对托勒密十二世的帮助。然而，他已经忘了，在政治利益面前，"感恩"这种美德是不存在的。

庞培的船队沿着地中海水域，缓缓驶向贝鲁西亚的托勒密十三世营地。靠近海岸时，庞培和科妮莉亚都有不祥的预感。庞培派了一个使者前去面见并告知托勒密十三世，庞培前来寻求庇护。托勒密十三世紧急召开会议，讨论此事。

会议上，大臣们提出了各种建议、多项计划。最后，大臣们认为，接纳庞培非常危险，会使自己与恺撒为敌；如果拒绝，庞培也会视自己为敌。虽然现在庞培失势，难保将来不会东山再起，回来报仇。因此，最明智的选择就是杀掉庞培。于是，他们决定邀请庞培登陆。在他上岸之际，立即杀死他。这样一来，他们不仅能取悦恺撒，还不用担心庞培寻仇。提出这个恶毒建议的人说："死狗不咬人！"

最后，托勒密十三世下令让埃及人阿基拉斯执行刺杀任务。他们邀请庞培上岸，并承诺给其庇护。当庞培的船队距离岸边不远时，阿基拉斯带领一小队全副武装的人，乘船向庞培的船驶去。

庞培的军官和随从站在甲板上，关注着对面的一举一动。他们密切注意，万分焦急地仔细分辨对方的举动，想确定来人到底是朋友，还是敌人。然而，形势并不乐观。庞培的朋友发现，岸上没有准备任何符合庞培身份的欢迎仪式，还似乎有点儿像是在等待恶魔降临。只有一艘普通的小船，这完全不符合庞培这个之前曾统治半个欧罗巴的人的身份。此外，庞培的朋友还注意到托勒密十三世的几艘战船正在起锚，像是随时准备迎接战斗。这不像是在欢迎朋友，更像是在准备御敌。科妮莉亚和小儿子站在甲板上观察着，强烈的不祥之感萦绕着她。很快，她警惕起来，恳求庞培不要上岸。但庞培觉得为时已晚，无法撤退。如果刚起锚的那几艘战船奉令截留，他根本无法逃脱；如果这是有预谋的安排，他也无力抵抗。类似撤退或者让守卫保护庞培的行为，都会让埃及人觉得庞培不信任他们，在防备他们。这会将庞培置于更加不利的地位——凸显庞培的不信任，反倒会让埃及人找到攻击他的正当理由。至于逃跑，如果埃及的这几艘起锚的战船奉命防止他逃跑，又如何能逃跑。即使逃跑，又能逃往何处？整个世界都在与他为敌。得胜的对手——恺撒正倾尽罗马共和国的兵力和资源全力追捕他。留给他的只有孤注一掷，向埃及求助，或者无条件向恺撒投降。而他的骄傲又不允许他投降。尽管种种迹象表明了危险的存在，但庞培还是决定选择相信托勒密十三世，把自己交到其手中，听天由命。

阿基拉斯的小船靠近了庞培的船。当小船接近大船的船舷时，阿基拉斯和船上的其他官员向庞培致以最崇高的敬意，称呼庞培为"英白拉多"这一罗马共和国最高统治者的称号。阿基拉斯用希腊语向庞培致辞。当时，只有知识渊博、受过教育的西方人才会说希腊语。他告诉庞培，前面的海水太浅，大船无法靠岸，请庞培跟自己上船，随自己上岸，托勒密十三世正在岸上等着迎接他的到来。庞培压下心头的不祥预感，准备接受邀请，并向妻子科妮莉亚告别。科妮莉亚紧紧拥抱着他，因为他们都有强烈的预感：今日一别，可能再无相见之日。两名百夫长和两个侍从先登上小船，庞培紧随其后。船夫滑动船桨向海滩驶去。庞培的船队和埃及船队的甲板上挤满了围观的人群。列队的士兵和成群的男人也分散在海岸上。他们全都密切关注着上岸的全过程。

协助阿基拉斯刺杀庞培的人中，有一位罗马军官。他曾在庞培手下服役。庞培刚坐进船舱就认出了他。庞培说道："我记得我们从前一起战斗过。"这个人只是点了点头。想到即将到来的背叛，他非常内疚、自责，不愿回忆自己与庞培曾经一起战斗的日子。实际上,参与刺杀行动的人都忐忑不安,一方面是因为刺杀行动马上开始,十分紧张;另一方面又因刺杀前途未卜,他们心怀恐惧,不愿讲话。庞培拿出用希腊语写给托勒密十三世的致辞,认真阅读。船舱内一片死寂,只有船桨浸入水面的沉闷之声,还有浪花轻拍海岸的呢喃之声。

小船抵岸,科妮莉亚仍站在甲板上,忧心忡忡,密切关注着整个过程。有个叫菲利普的侍从,是庞培最喜爱的随从。他站起来扶庞培上岸。他伸手协助庞培从座位上站了起来。就在这时,那个罗马军官从后面刺向庞培的后背;与此同时,阿基拉斯和其他人也一同拔剑。庞培知道一切都结束了。他没有说话,也没有发出任何惊慌的喊叫,尽管科妮莉亚骇人的尖叫如此尖锐,岸上的人都能听见。可怜的受害者什么也没有说,只听到他喉咙哽咽着发出模糊不清的痛苦声音。庞培把披风盖在脸上,倒地不起。一代枭雄就此落幕。

此时,现场一片混乱。任务完成,行凶者立即撤退,带走了庞培的人头,以此向恺撒表明,庞培

庞培被杀

真的不在人世了。留在船上的军官，匆忙带着可怜的科妮莉亚起航离开。科妮莉亚悲伤绝望，没有一丝力气。菲利普和几名同伴还留在沙滩上。面对爱戴的主人成为无头的尸体，他们目瞪口呆，茫然失措。大批公民相继拥来，默默观看这一骇人的场面。震惊过后，在驱赶之下，公民转头离开。回过神后，菲利普一行知道他们唯一能做的就是履行庄严的职责，埋葬庞培。他们在河岸上找到了一艘渔船的残骸，取下一些木头。这些木头足够焚烧庞培的无头尸体。然后，他们为庞培举行了简陋的焚烧仪式，将其骨灰装进瓮里，送给了科妮莉亚。后来，伴着无尽的痛苦的哭泣之声，科妮莉亚把庞培的骨灰葬在了阿尔巴。

第9章　*CHAPTER IX*

恺撒攻入埃及

Caesar in Egypt

取得法萨卢斯大捷后,恺撒视察战场。面对漫山遍野的尸体,他全然没有获胜的狂喜,只有对伤亡士兵的悲悯之情。他沉痛地凝望着眼前的惨状。沉默片刻后,他说:"他们甘愿血洒战场!"然后,他不再自责。

恺撒之所以对待被俘的敌人宽厚仁慈,一来是天性使然。他一贯慷慨大度、道德高尚。二来是策略使然。他友好地对待所有官兵,使他们将来支持自己。之后,他将主力军遣回意大利,并且从剩余军队里挑选了一队骑兵,以便快速前进。随后,他率军取道帖撒利亚和马其顿,追击庞培。

恺撒麾下没有海军,所以只能在陆地上活动。另外,他希望带领一支军队穿越全国,以示威仪,并镇压一切企图联合或者支持庞培的势力。他穿过赫勒斯滂,抵达小亚细亚海岸。在以弗所,有一座大型神殿供奉着狄安娜女神。这个神殿富丽堂皇,是当时的奇迹。神殿的掌管人不知道恺撒的到来,打算将神殿的财产借给庞培,待其东山再起,得势之时再来偿还。他召集了一个大型集会,一来让大家见证财产的交接，二来做好数量和价值的统计。正要举行大型仪式时，这些人突然得知恺撒渡过了赫勒斯滂，即将抵达。因此，整个仪式就此中断，所有财产也保留了下来。

恺撒继续前行，迅速通过了小亚细亚。在追踪过程中，关于庞培逃跑方向的信息不断传来，各种说法都有，让人难以分辨。恺撒一边追击，一边比较、分析庞培的去向。最后，他得知庞培去了塞浦路斯岛。因此，他推测庞培的目的地应该是埃及。于是，他立即组建一支船队，从海上追踪庞培。时间流逝，庞培战败逃亡，恺撒乘胜追击的消息不断传来。各地纷纷放弃失势的庞培，转而支持恺撒，给其提供所需物资和帮助。即便如此，恺撒仍然没有停止招募兵马，组建海上作战力量。像拿破仑一样，他取得的所有军事成就，依靠的不是规模庞大的军队，而是迅猛的行动。在罗得岛，他筹得十艘桨帆船，组成了一支船队。这支船队的规模虽然不大，但效率较高，载着恺撒麾下的精锐军队，驶向埃及海岸。虽然已经听说托勒密十三世及其朝臣正在贝鲁西亚抵抗克利奥帕特拉七世的入侵,庞培赶赴那里,但恺撒没有去贝鲁西亚,而是在其魄力和精力的驱使下,直接向埃及当时的首都亚历山大进发。

当时,埃及是罗马共和国的盟国。埃及虽然保留了独立的政府组织和王权,但罗马共和国已是埃及事务的仲裁者,埃及是罗马共和国不可分割的一部分。因此,恺撒率军出现在亚历山大,理所当然地受到了朋友般的接待。他发现托勒密十三世只留下了一支卫戍队守城。起初,守城军官表面上对恺撒竭诚相待,但不久就对恺撒的颐指气使十分反感。在他们看来,恺撒的行为是对自己法老的侵犯。

根深蒂固的疏远与敌视,会通过微不足道的小事表现出来。罗马共和国的执政官习惯使用束棒象征权威。束棒是一个用很多木棍围绑起来的斧头。执政官巡视时,前面由两位执束棒的刀斧手开道。刀斧手各拿一根束棒——象征身后这个尊贵人物被赋予的权力。

恺撒在埃及出行期间，有卫军随行，束棒开道，仪式极其庄严。为此，埃及的官员和公民与恺撒之间爆发了争执。恺撒的军队和亚历山大守军也发生了诸多摩擦。尽管冲突不严重，恺撒还是认为应该增加在埃及的兵力。于是，他派人到欧罗巴调遣士兵前来增援。

托勒密十三世派人带来了庞培死亡的消息，还带来了庞培的人头。他以为恺撒会欣然接受这个礼物。然而，恺撒并不高兴。看到庞培的人头，他立即惊恐地转过头去。多年以来，庞培一直是恺撒的同僚和朋友，也曾经是恺撒的女婿，曾经和自己保持着非常亲近的关系。两人之间虽然爆发了战争，但庞培并没有做错什么，无论是对恺撒，还是对罗马共和国政府。就这场斗争而言，庞培是受害的一方。现在，庞培被战胜自己的敌人——恺撒追击了大半个世界后，却遭到假装庇护的朋友的背叛，终被残忍地杀害。恺撒性格中原有的正义感还没有完全泯灭。想到对这个老盟友、老朋友的长期追杀，最终使其落得如此惨烈的结局，他有些懊悔。他没有因收到这个可怕的礼物而备感欢欣，而是真诚地哀悼、诚挚地悼念庞培，对谋杀者充满愤慨。

庞培遇刺时，手上戴着一枚指环印章。这枚指环印章被埃及官员摘掉，连同庞培身上其他一切值钱的物品一起呈给了托勒密十三世。托勒密十三世又把这枚印章送给了恺撒，以此证明庞培已经死亡。恺撒怀着热切又悲伤的复杂心情接受了这个纪念品，精心收藏了起来。余生中，他表现出了对庞培的无限尊重。

时至今日，亚历山大古城的废墟上仍屹立着一根精美的柱子。这根柱子约一百英尺高，人们称之为"庞培柱"。庞培柱由柱基、柱身、柱顶三部分构成，每部分都由石头雕刻而成。它雕刻精美，建造工艺精湛，至今保存完好。只是它的历史太过悠久，没有留下关于它起源的任何记录。正因如此，它一直被视为奇迹，受到世人的赞美。虽然关于庞培柱的历史起源没有流传下来，但传说是恺撒在埃及居住期间，为纪念庞培而建的。不过，到底是

庞培柱

为了彰显恺撒打败庞培的战绩,还是为了纪念庞培的品质和军事才能,如今已经无从考证。也有人怀疑,庞培柱根本不是恺撒命人建造的。

恺撒在亚历山大居住期间,因为庞培已死,庞培麾下的许多军官再也无法在其指挥下东山再起。因此,他们都向恺撒投降了。恺撒诚挚地接纳了他们,待他们很友善,没有因他们曾经与自己为敌而惩罚他们,反倒称赞他们在庞培麾下时的忠心和勇敢。实际上,法萨卢斯战役结束后,恺撒也宽宏大量地对待庞培麾下的士兵。法萨卢斯战役结束时,他命令每个士兵去救助一个敌人。这件事更加凸显了这位强大征服者的宽宏大量和过人智慧。士兵们在战斗和追击过程中被激发的仇恨和报复之情,立即转变为同情和友善。凶神恶煞的士兵即刻从猎杀敌人为乐的恶人,转变为保护俘虏的善人。这就为这些俘虏以后为恺撒服务,和其他士兵亲如兄弟、同心协力奠定了基础。

发现自己在亚历山大的地位如此之高,恺撒决定利用罗马共和国执政官的身份解决埃及王位继承问题。找到借口干涉埃及内政并非难事,因为亚历山大处于混乱无序的状态之中。面对托勒密十三世与克里奥帕特拉七世的争斗,人民立场不同。各派斗争激烈,以至于王位争端问题解决前,埃及不可能恢复秩序,政府部门也不可能恢复管理功能。恺撒要求埃及政府偿还债务,而托勒密十三世的大臣波提纽斯一直拖着不还。这引发了罗马共和国与埃及之间的敌对和争端。最后,恺撒找到了干涉埃及内政的借口——波提纽斯策划谋害自己。他向托勒密十三世和克利奥帕特拉七世发令,要求他们解散军队,到亚历山大表明各自的诉求,并由他裁决。

克利奥帕特拉七世听从传唤返回埃及,提出诉求,让恺撒裁决。托勒密十三世拒不服从,带领军队向埃及进发,决心把恺撒和罗马共和国的军团驱逐出境。

克利奥帕特拉七世回来后,发现通往恺撒驻地的路上满是托勒密十三世的人。如果去见恺撒,可能会落入这些人之手。传说,她用计偷偷溜进了恺撒的驻地。她命人用床单或者毯子之类的东西把自己裹起来，背在身上躲过了托勒密十三世的人的耳目。恺撒非常赞赏克利奥帕特拉七世的这一做法。面对年轻貌美的克利奥帕特拉七世，他一见倾心，难以自拔。克利奥帕特拉七世也热情地回应了恺撒。恺撒决定不占领埃及，而是裁定克利奥帕特拉七世与托勒密十三世联合执政。

托勒密十三世及其支持者拒不接受这个裁决。这引发了旷日持久的战争。托勒密十三世不仅因被剥夺了正当权力而愤慨，也因姐姐克利奥帕特拉七世与恺撒的不正当关系而恼羞成怒。他的愤怒与痛苦唤起人们对他的同情。恺撒发现自己卷入了一场非常残酷的斗争，并因此受到生命威胁，甚至会遭受灭顶之灾。然而，对克利奥帕特拉七世的迷恋像魔咒一样控制着他，使他排除千难万险，不顾一切地支持克利奥帕特拉七世。

为了让克利奥帕特拉七世能和托勒密十三世共同坐上王位，恺撒被卷入了一场战争——亚历山大战争。在亚历山大战争中，也发生了许多奇特、浪漫的故事。亚历山大对面的法罗斯岛上有一座灯塔。这座灯塔也因此被称作法罗斯灯塔。法罗斯灯塔不仅因其自身的壮丽而出名，更因其位于世界上最大商业港口的入口处而闻名，以至于后来所有这样结构的灯塔都叫法罗斯。法罗斯灯塔的主体是一座非常高大的塔楼，据记载有五百英尺高。塔楼顶部有一个不断释放出耀眼光芒的灯。据说，灯释放出来的光芒从远在上百海里的水域都能看到。法罗斯灯塔由几层构成，每层都有栏杆、柱子。法罗斯灯塔白天的壮丽和夜晚顶部释放的光芒竞相生辉。在遥远辽阔的地中海上，遭暴风雨袭来时，灯塔发出的光都会召唤、指引着水手们的到来。古代既没有指南针，也没有六分仪，因此灯塔受到了人们的赞扬。在亚历山大战争中，恺撒占领了法罗斯灯塔和法罗斯岛。虽然法罗斯灯塔及法罗斯岛的军事战略位置不重要，但因为法罗斯灯塔是当时世界七大建筑奇迹之一，所以恺撒占领法罗斯灯塔及法罗斯岛的消息很快就传开了。

虽然占领法罗斯灯塔算不了什么，但在占领法罗斯灯塔的战役中,恺撒险些丧命。在所有的战斗中,恺撒习惯亲自冲锋陷阵,这一方面是源自他性格中本能的冲动和狂热激进,而激烈的战斗往往让他更加兴奋;另一方面源自当时流行的指挥官应起到带头作用的理念。还有一个激起他追求非凡功绩的诱因是,他想成为克利奥帕特拉七世崇拜的对象。克利奥帕特拉七世关注着恺撒的一举一动,看到恺撒为了自己和自己的事业而战,更加欣赏其勇气和才华。

法罗斯灯塔建在法罗斯岛上,通过桥和码头与大陆相连。攻打这座桥时,恺撒和部分士兵受到阻击,被敌人围困。当时,唯一的逃跑方式是驾驶小船到达附近的大船上。慌乱中,大家都拥上了这条小船,导致小船超重,随时都有倾倒或者沉没的可能。小船如果倾倒或者沉没会危及船上大多数人的生命。船上的人相互抓紧,纠缠在一起,生怕掉进水里。一旦掉进水里,人总会在慌乱中紧紧抓住周围的任何东西。恺撒料到了危险,跳进水里向大船游去。当时,他手里还拿着几张莎草纸,可能是作战计划。他左手高举着莎草纸，右手划水，用牙齿咬着他的紫色斗篷，向大船游去。斗篷象征着他拥有至高无上的权力。他认为敌人肯定会急切地寻找这个斗篷，并将其作为战利品。为了保护斗篷，他就这么用牙齿咬着它。那条小船很快就沉没了，上面的人也不见了踪影。

亚历山大战争期间，发生了一场严重的灾难——亚历山大图书馆被烧毁。这场灾难使后世之人感到十分惋惜和遗憾。埃及人以博闻强识闻名于世。在历代法老的慷慨资助下，这里的学者收集了大量著作。当时的文字都写在羊皮卷上。据说，亚历山大图书馆羊皮卷的数量达到了七十万卷之多。我们要知道，每一卷羊皮上的文字都是一笔一画、认认真真写在上面的。这耗费了大量的人力、物力，因此收集这么多羊皮卷藏于亚历山大图书馆着实不易。收藏在亚历山大图书馆的羊皮卷记载了古代文学的脉络。恺撒下令放火烧毁埃及的桨帆船。因船离岸太近，大风把火苗刮到了码头上，引燃了码头上的建筑。大火蔓延，引燃了亚历山大的宫殿和其他建筑,也波及了亚历山大图书馆。这次灾难导致了后世文化与科学知识的断层。整个世界为这一无法弥补的损失而备感惋惜。

尽管在亚历山大战争期间发生了很多不幸事件,但恺撒还是像往常一样取得了胜利,打败了年轻的托勒密十三世。逃亡期间,托勒密十三世在穿过尼罗河的支流时,被淹死了。最后,恺撒解决了克利奥帕特拉七世及其弟弟托勒密十三世的王位之争。在埃及停留了较长时间后,恺撒返回了罗马共和国。

克利奥帕特拉七世后来的历险充满浪漫色彩。这使她家喻户晓。品德高尚的人一生平淡无奇,当他们的故事被讲给后人听时,却几乎没有什么吸引力;而那些生活在悲惨和绝望中的邪恶之人,他们的故事充满戏剧性和趣味性,丰富了后人的精神世界。

克利奥帕特拉七世一生罪孽深重,也饱尝痛苦。恺撒回到罗马共和国后,她去罗马城见了恺撒。恺撒以很高的规格接待了她,并授予她所有可能的荣誉。但罗马人强烈地谴责克利奥帕特拉七世，认为恺撒安排克利奥帕特拉七世和弟弟托勒密十三世共同执政，但当弟弟托勒密十三世到达执政年龄后，却遭她的毒手。恺撒死后，克利奥帕特拉七世从亚历山大前往叙利亚，在一艘游船上会见了恺撒的继任者安东尼。这艘游船被装饰得富丽堂皇，因此人们称之为"克利奥帕特拉之船"。之后，众多美丽的船也被冠以同样的名字。克利奥

克利奥帕特拉之船

帕特拉七世与安东尼建立了紧密联系。安东尼像恺撒一样迷恋克利奥帕特拉七世的美貌和智慧。经历一系列浪漫的冒险后，安东尼在一次战斗中被强劲的对手屋大维打败。安东尼认为是克利奥帕特拉七世背叛了自己，追到埃及打算杀掉她。克利奥帕特拉七世藏在自己的陵中，对外散播自己已经自杀的消息。得知她已死的消息后，安东尼懊悔又绝望地拔剑刺向了自己。临死之际，他知道了克利奥帕特拉七世还活着，命人把自己带到了克利奥帕特拉七世面前，最后死在了克利奥帕特拉七世的怀里。随后，克利奥帕特拉七世落入屋大维之手。屋大维想把她带到罗马共和国庆祝自己的胜利。为了避免被羞辱，同时厌倦了充满罪恶的生活和各种痛苦遭遇，她决定结束自己的生命。在一场盛大的宴会上，一个仆人把一条毒蛇藏在一大束鲜花中，送给了她。她让毒蛇爬上自己赤裸的胳膊。被毒蛇咬伤后，她很快便香消玉殒。

第 10 章　*CHAPTER X*

恺撒的独裁统治

Caesar Imperator

虽然庞培已死，其麾下军队已被消灭，但恺撒依然觉得没有完全统治整个罗马共和国。恺撒征战胜利的消息席卷罗马共和国统治下辽阔、偏远的地区时，虽然他的征战功绩被夸大了，但在偏远地区，他的影响力还是有所下降，因为人们一般很少担心距离自己很远的危险。恺撒待在埃及期间，在世界范围内，形成了三个反对他的势力中心，分别是小亚细亚、阿非利加和西班牙。他势如破竹，将其一一拔除，向世界展示了令人叹为观止的速度和卓越的军事才能。这也正是他备受世人瞩目之处。他首先去了小亚细亚，发动了一场宏大、具有决定意义的战役。他以突如其来、出其不意的方式击败敌军。敌军还不知道他率军接近，就被打败了。正是在这场战役中，他写下了"Veni, vidi, vici"的铭文。英文译文为"I came, I saw, I conquered"（"我来，我见，我征服"），但英文的表达力度，失去了铭文本身的韵味。

同时，恺撒的财富和成功极大地巩固了他在罗马共和国的地位。罗马人的生活主要依赖于那些四处征战的英雄。这些英雄被派去管理行省，从那里带回巨额财富，支撑罗马共和国的运转。当然了，征服者越是成功，就越有资格获得公民的支持。恺撒不在罗马城时，还是当选为罗马共和国的独裁官，安东尼也成为骑士统领。安东尼就是恺撒死后和克利奥帕特拉七世有男女私情的那个人。实际上，在罗马共和国，恺撒战功赫赫，功勋卓著。他横渡亚得里亚海向罗马城进发时，就已经成为大家共同赞赏、热烈欢迎的对象。

然而，恺撒还是无法在罗马共和国安稳立足。因为在阿非利加，小加图正在率领着一支强大的军队抵抗他。小加图为人严厉、刚正不阿，一直是恺撒的宿敌。现在，他认为恺撒是共和国的篡位者和敌人，誓与恺撒决一死战。在西班牙，也有一支庞大的军队，由庞培的两个儿子领导。派系政治斗争与替父报仇的愿望融为一体，使他们与恺撒之间的战争更加惨痛、激烈。恺撒决定先赶赴阿非利加，解决小加图，再横渡地中海挺进西班牙。

然而，还未来得及出发，恺撒就遇到了一个非常严重的问题。军中存在普遍不满,最后竟然演变成公开哗变。士兵们抱怨没有得到恺撒承诺的奖赏和荣誉。他们中有人想要官位,有人想要金钱,还有人想要土地。他们声称,恺撒曾承诺,战争结束后就会兑现所有承诺。毫无疑问,他们为自己取得的战功而欢欣鼓舞,为他们的将军在罗马共和国拥有的影响力和权势而陶醉。他们期望太高、要求太不合理了。他们的要求不可能实现。他们无论在战斗中曾获得将军们的任何赞赏,或者是在履行职责时受到群众的什么赞扬,但毕竟只是奴隶,还是最低贱的那种。

著名的第十军团,也是恺撒最喜爱的军团,积极煽动军中的不满情绪。原本,恺撒给予第十军团过多的关注和赞誉,是为了唤起第十军团士兵们的斗志,激发他们积极作战的勇气。最终,因为经常得到关注和赞誉,第十军团的士兵们变得虚荣起来,变得自命不凡起来。

在第十军团的带领下,全军哗变。士兵们破坏了距罗马城有一段距离的营地,并开始向城中挺进。这些士兵,即使在有直属领导约束的情况下,也很少听从指挥,更何况现在叛乱了。他们不再受到束缚,沿途寻衅滋事,扰民骇民,引发了恐慌。由于他们的到来,城中公民惊慌失措,恐惧像雪崩一样袭来。

叛乱士兵预估在城门处会遭遇拦截。一旦遇到阻拦,他们准备直接攻克城门。他们计划进城后,去找恺撒请辞。他们知道,恺撒马上要在阿非利加发动战争,所以认为他不可能解散军队。听到他们请辞后,恺撒定会请求或劝诱他们留下来,进而他们便可以达成所有愿望了。这就是他们的计划。然而,请辞是迫使对方接受自己要求的冒险手段。人们往往很容易高估自己的重要性,把朋友讲给我们听的礼貌、善意的话语太过当真。所以经常有人威胁请辞,要求对方答应自己的条件,最后却惊讶地发现,竟然获得批准了。

叛乱的士兵到达城门后,却发现没有遭到任何阻拦,只收到了恺撒的命令——留下除佩剑外的所有武器,然后进城。他们服从命令,向战神广场行进。战神广场是一个巨型阅兵场，四周有围墙，大家在那里等待着恺撒的到来。

恺撒在战神广场接见了叛乱的士兵，质问他们为什么没有得到命令就擅自离营进城。他们按事先的计划，说要请辞退役。令他们惊讶的是，恺撒毫不犹豫地应允了。恺撒说，大家可以立即解职。他还说，他也会兑现曾经的承诺，给予大家长期辛苦服役应得的奖赏。

同时，恺撒深表遗憾。为了得到自己随时准备兑现的奖赏，士兵们竟然忘记了身为罗马人的责任，违反了军人应该绝对遵守的神圣纪律。让他最为遗憾的是，自己一直信赖的第十军团竟然参与此事。

恺撒语气亲切、体贴，还使用了敬称，称他们为罗马共和国公民，而不是士兵，把他们当作罗马共和国的一分子。事件的处理效果与恺撒预期的如出一辙——全军上下都醒悟了，士兵们想要返回岗位，履行自己作为军人的职责。他们派代表到恺撒那里，希望他收回请命。他们将继续留在军中服役，随赴阿非利加。恺撒犹豫不决，拖延了一阵子后，接受了他们的请求，但第十军团除外。他说，自己已经彻底失去对第十军团的信任。第十军团继续恳求他，并自愿跟随他远赴阿非利加。最终，他确实接受了第十军团的请求。不过，他将第十军团拆分了，有些士兵与其他军团合并，有些被派到偏远地区服役。此后，再也没有第十军团的存在了。

初冬时节，正是地中海暴风雨肆虐时。然而，恺撒还是立即从罗马城出发，向南穿越西西里岛，在那里的海岸边安营扎寨，船队随时准备向阿非利加运送兵力。和往常一样，在阿非利加战役中，命运之神再次眷顾恺撒。在船队横渡地中海时，恺撒多次面临生死攸关的时刻，但凭借深思熟虑、巧妙的安排，他一一化险为夷。在远赴阿非利加的路途中，他攻克了一个又一个军事难题。隆冬时节，士兵们疲惫不堪，还要面临小加图大军的攻击，但恺撒率军成功克服了每一个困难。小加图最后撤退到了乌提卡。在那儿，他带领残部封闭城门，但恺撒离他们越来越近，破城近在眼前。小加图严肃认真、刚正不阿的性格让他绝对不会投降，尤其是向他认为的国家公敌和叛国者投降。他决定自杀，以此来表明自己决不向恺撒屈服的决心。

小加图假装放弃保卫乌提卡，安排士兵从海上逃跑。只要不惧暴风雨可能带来的危险，大家都可以乘船。表面上，他对也想登船。傍晚时分，他还不停派人到海边打探风速，以及登船进展。最后，他回到自己的房间，躺在床上，用剑刺向自己。或许是伤口的原因，或许是金属穿透身体引起的痉挛所致，他从床上摔了下来。儿子和仆人听到声音，冲进房间，把他从地上抬起来，试图替他包扎伤口。意识到他们试图营救自己，小加图拼命挣扎。他的挣扎加剧了伤情，甚至加速了他的死亡。大家只好听之任之。几分钟后，他就死了。

小加图的自杀，是有史以来最引人注目的自杀事件，后来也被证明是极端愚蠢的行为。在那个没有基督教信仰的年代，自杀情有可原。然而，这种行为是愚蠢的，他是负有严重责任的。他如果不自杀，而是向恺撒屈服，也不是什么丢脸的事，更不会有损他的名誉。因为他已经竭尽所能，恺撒应该会宽容他，甚至对他尊崇有加，然后把他带回罗马城。一两年后，恺撒就被刺杀了，小加图也就有了恢复元气、东山再起、发挥其影响力、继续为国家做贡献的机会。为他辩护的人可能会说，谁都无法知晓将来，小加图也一样。我们认为，即使不知道将来会发生什么，小加图也应知晓世事难料之理，总会有转机之时出现——他早晚会有用武之地。面对暴风骤雨，无论多么黑暗、多么阴郁，我们一定要相信风平浪静、晴空万里的时候一定会到来。同样地，对人生的变故和荣辱，我们也要以平常之心看待。

恺撒从阿非利加回到罗马城，然后又从罗马城出发，前往西班牙去攻打庞培的儿子。在西班牙，他一如既往地取得了成功。庞培的大儿子在战争中受伤，被抬出了战场。稍微恢复后，他发现无法躲避恺撒士兵的追击，只好藏身洞穴。待了一段时间，他感到极度痛苦绝望。最后，他被恺撒的士兵发现。和父亲庞培的结局一样，他被砍掉头颅，送给了恺撒。庞培的小儿子小庞培成功逃脱，成为可怜的逃犯和亡命徒。至此，西班牙的对抗势力全部被肃清。恺撒回到罗马城，毫无争议地成了整个罗马世界的霸主。

接下来就是恺撒举行的凯旋式。凯旋式是重大庆典，是罗马共和国时期军事英雄征战胜利、回归罗马城的最高荣誉。恺撒共举行了四次凯旋式，分别对应四次征战：埃及、小亚细亚、阿非利加和西班牙。庆祝日期各不相同，中间相隔数日。如此设计一方面可以突显这四次征战的功绩，另一方面可以吸引更多罗马人的关注。庆典期间，有一次，恺撒乘坐的豪华巡游车居然散架了。恺撒差点从巡游车上摔下来。于是，密集的队伍，包括车队、马队、大象队、旗帜队、标语队、战俘队及各种战利品组成的壮观宏伟的游行队伍，全都停了下来。这耽搁了很长时间，打乱了既定的时间。夜幕降临，一切终于恢复正常，队列开始进城。恺撒总是能在关键时刻展现惊人的才华，并逢凶化吉。他想

罗马掌旗兵

到了用队伍里的四十头大象做火炬手。大象聪敏温顺，很快就学会了举火把。于是，每头大象都用鼻子举着火把，在人群上方挥动。在熊熊火焰的照耀下，蜿蜒漫长的队伍穿过街道，抵达朱庇特神殿。

凯旋游行队伍中，所有展示的东西都是被征服地区的象征。游行车上满载金银器皿和其他财宝。可怜的战俘或站在马车上，或垂头丧气地走在队伍中。仪式结束后，有些战俘会被公开处决。展出的武器、工具和衣服等物品向罗马人展现了遥远地区，以及被征服国家的风俗；带回的动物也以一贯的方式展出。凯旋式中展示的这些东西和其他许许多多战利品及形形色色的徽章，激起群众对胜利者的敬佩。其实，在危险的远征过程中，获取一切可能的战利品，从而使凯旋式更加壮观，一直是所有罗马将领征战的目标。

在庆祝战胜埃及的凯旋式中，游行队伍里有克利奥帕特拉七世的一个妹妹。在庆祝战胜小亚细亚的凯旋式中，有一面旗帜，写着那句名言："我

大象成了火炬手

来了，我看见了，我征服了。"游行队伍中还有很多画作。这些画作描绘了战争和其他引人瞩目的场景。当然了，凯旋庆典的日子，公民很兴奋，整个罗马城一片欢腾。周边其他地区的公民纷纷涌向罗马城，一睹凯旋式的壮观场面。恺撒的强大和荣耀光芒四射。

凯旋式结束后，还举行了一系列精彩的公众娱乐活动。共有两万个台子供公民坐着观看各种各样的表演，其中包括戏剧、马术表演、角斗士角斗表演、角斗士与野兽的对抗表演、舞蹈、战车比赛，以及其他我们能想到的娱乐活动。这些娱乐活动的设计，特别符合那些在生活艺术方面有较高修养但生性冷酷的人的品位。

一些与当时娱乐活动有关的故事流传至今。它们记录的当时娱乐活动的规模之大，远远超乎我们的想象。例如，有记录说台伯河河旁建有一个巨型盆地，足以容纳两只战船，每只战船上都有两千名桨手和一千名战斗人员。这些人全部是战俘，一队是亚细亚人，另一队是埃及人。一切准备就绪，他们被迫真正开战，以此娱乐岸上成群的观众。直到杀光大部分人，鲜血染红整片湖面，战斗才会结束。还有记录说整个罗马广场及附近主要角斗场所的大街上，都覆盖着丝绸般的遮阳布，以此来使观众免遭阳光的曝晒。城中还搭起数万顶营帐，容纳来自周边地区的观众。因为前来观看凯旋式的人太多，市内建筑无法满足这些人的住宿需求。

所有公开反对恺撒的声音消失殆尽。元老院甚至与公民竞争，竞相给予恺撒他们能给予的最大荣誉。罗马最高权力一直掌握在两个执政官之手。执政官每年由选举产生。罗马人不允许任何特殊化的存在，因此，执政官在任期结束后，就要卸去职位。然而，他们现在允许恺撒做了十年的执政官，并且宣布其是终身独裁官，还授予其"国父"的称号，将其出生的月份——七月，改名为"Julius"（尤利乌斯-恺撒的氏族名）。Julius一直沿用至今（英语单词July便来源于此）。罗马人还任命恺撒为整个罗马共和国军队的总指挥——拉丁语中的"IMPERATOR"，拥有至高无上的军权。

恺撒对自己的成就和荣耀及职务感到非常满意，对公民对自己的肯定感到非常满足，尽管有些为肯定他的功绩而举办的仪式规模并不大。公民把恺撒的雕像置于公共建筑内，游行时抬着，让它享受着众神般的待遇。他们还为恺撒单独定做了装饰华丽的椅子，放置在所有公共集会场所。恺撒坐在上面，聆听辩论或者观看庆典，就像坐在宝座上一样。实际上，他还掌握了任命官员的权力。所有这些表明，除了名号称谓，他其实已经拥有了君主的权力。

此时，恺撒开始为罗马共和国的发展制订改革计划。他希望通过自己的努力，使罗马人生活得更加幸福。托他之福，罗马人已经享受到了很多。罗马人靠征服世界生存——恺撒四处扩张，建立统治，通过获取其他行省和王国的税收和朝贡，积累了无比雄厚的财富。现在，征服大业已经完成，他将注意力转向罗马共和国的内部事务，改进管理体系，认真调查各项事务。

时至今日，恺撒推行的一项重大改革仍在欧洲完美运行，这项改革就是历法改革。当时，罗马人使用的按月来划分的历法和太阳的公转轨迹不能完美契合，以至于年复一年累积下来，时间相差甚多。原有历法下的冬天实际是太阳公转的夏天，原有历法下的夏天成了太阳公转下的冬天。这造成了很大的不便。例如，法律要求某月做什么事情，要在太阳公转的夏天完成，结果最后要求的这个月却是太阳公转的冬天，季节完全相反。恺撒采用了新历法，纠正了上面的问题。恺撒历[①]规定一年有三百六十五天，第四年为三百六十六天，然后依此类推。他引入的历法时间与太阳公转时间十分契合，一直应用了十六个世纪。一千六百年后，人们发现一年中少了十一天，然后就进行了新的修正。[②]现在，三千年的时间才会累计出现一天的误差。这一历法是恺撒请希腊天文学家计算后改进的。某种程度上，正是因为他推行了如上文所述

---

① 也译作儒略历。——译者注
② 16世纪，罗马教皇格里高利十三世修正并采用了新的历法。——原注

的历法改进，为了纪念他，人们就把其中一个月叫July（七月）——原本这个月叫Quintilis。

恺撒还制订了许多宏伟计划。他在罗马城修建了许多公共建筑。这些公共建筑的规模和宏伟雄踞世界榜首。他收集大量书籍，修建图书馆。他制订了庞廷沼泽的排水计划。他通过管道为城市引入大量水源，以满足人们的需求。他开辟了一条由罗马城通往大海的新通道，并在入海口建造大型人工码头。他打算沿着亚平宁山脉修一条路，在科林斯地峡开凿一条运河。他还要规划其他大型工程，把罗马城打造成世界商贸中心。总之，他大脑里充满了宏伟的计划，正在想尽一切方法收集资源，实施这些计划。

第 11 章　*CHAPTER XI*

阴　谋

The Conspiracy

最终，恺撒虽然荣耀加身，但其生命以一种十分暴力的方式终结了。他被刺身亡。刺杀事件发生前后也发生了很多奇怪的事。这个强大的征服者一生都极具戏剧性。这样戏剧般的结局同样引人注目。

恺撒的财富和权力激起了人们的嫉妒，也引起了他们对他的憎恶。那些期望得到恺撒青睐，却没有如愿的人小声嘀咕；那些昔日的竞争对手、后来被恺撒战胜的人愤恨不已。有些罗马人向往民主，这让他们不允许有人独揽大权。罗马共和国的管理权不是人人享有，只有特权阶层才能享有。政府职能被划分，分配给不同的特权阶层，以此来平衡各阶层的利益。各阶层之间斗争、冲突激烈，总是发生企图侵犯其他阶层利益和特权的事件。然而，冲突的最终结果总是再次恢复被打破的平衡。没有任何一方的权力可以完全凌驾于其他各方之上。因此，独裁专制在罗马共和国没有根基，罗马共和国实行的是共和制。但现在恺撒已经把所有权力都握在手中，人们怀疑他想公开称王，或者虽不称王,但独揽大权。

罗马人非常憎恶"国王"这个称号。早期罗马历史上存在一个王政时代,存在国王。不过,国王自命不凡,压迫人民,令人憎恶,被人民废黜、驱逐了。现代欧洲的一些国家也发生过几次类似事件,但事后,公民觉得没有国王好像就不受保护,没有安全感。于是,几年后,公民又把被驱逐国王的一支扶上王位,恢复了君主制度。不过,罗马人民异常坚定,绝不允许这种恢复王权的事情发生。他们实行共和制已经五百年之久了。虽然国家内部存在分歧、冲突,并且斗争不断,但他们憎恶王权,以至于五百年来,各路政客、各位将军、各个征服者,虽然野心勃勃、权力极大,却没有任何一个人胆敢称王。

然而,各种迹象表明,已实际拥有王权的恺撒,现在想要拥有国王名号。在此情况下,野心勃勃之人不会直接僭取国王名号和王室权威的象征——有人会替他们提出来。但他们会假意推辞,直到他们完全可以掌控事态的发展。下面发生的这些事就显示恺撒也是这样计划的。

罗马城的公共建筑中，有一些国王的雕像。我们必须明白，罗马人不是不喜欢国王，只是不喜欢国王用权力统治他们而已。他们尊重甚至崇拜其他国家的国王，尊重国王取得的丰功伟绩，并且制作雕像纪念国王。只要国王不统治他们，就不会引起罗马人的反感。罗马人的这种心态与如今的美国人一模一样。如果英国女王使英国发展得更好，在美国引发的赞美可能比在英国还多。美国人尊重英国王室血统的古老，钦佩英国政府的高效，羡慕英国拥有大国风范，尊重女王的权力和特权——这些感情在任何正式场合都能流露出来。美国人愿意，不，美国人希望她继续统治英国。然而，要在美国实行君主制，那需要用几百把刺刀来实现。

因此，和在别处一样，王权在罗马共和国得到了高度尊重，所以罗马共和国有很多国王的雕像。正因人民坚决反对王权统治，对野心勃勃之人来说，王权反倒更加具有吸引力。恺撒把自己的雕像放在各位国王之间，有人赞同，也有人小声反对。

罗马城有一个公共剧院，政府官员习惯坐在专门为他们而设的体面的座位上。元老们的座位的位置比政府官员的更高，装饰得更精美，也更醒目。恺撒在那里为自己准备了一个座位。他的座位非常像国王的宝座，通体镀金，布满金饰，华贵无比。在众多座位中，他的座位异常醒目。

在元老院，恺撒也有一个类似的座位。这个座位是他的专用座位，就像英国上议院国王的座位一样。

此外，恺撒还举办了许多公开庆祝活动和多个凯旋式，以纪念自己的功绩，彰显自己的荣耀。在其中一次活动中，他要求元老院的一众元老在一座神殿里宣布授予他荣誉的法令。大批公民聚集过来，见证这个仪式。恺撒坐在华丽，甚至可以称为王座的座位上，官员和侍从围在旁边。元老院的人到了，恺撒仍然坐着，没有站起来迎接，像是国王召见自己的臣民一样。这件事本身并没有什么，但人们把它看成恺撒想要称王的迹象，从而引起了广泛关注,激起了普遍热议。这个行为非常巧妙,性质模棱两可,恺撒可以根据次日的公众情绪酌情解释。有人说,恺撒要站起来时,站在旁边的官员阻止了他;还有人说,一个军官提醒他站起来,他却皱着眉头拒绝,继续坐着。因此,虽然他现在承认元老院是罗马共和国的最高权力中心,但他如此行事的意图让人心生疑窦。他想称王,又怕表现得太过明显招致突如其来的反对。因此,他才这样做——一步步试探罗马人对他此类行为的反应。

此后不久,恺撒参加某个盛大节庆返回时,街上人潮涌动,大批群众跟着他,大声欢呼。突然,一个人走到恺撒的雕像前,把王冠戴在他的头上,并用白色丝带扎好。这是王权的象征。一些军官命人取下王冠,把那人关进了监狱。恺撒对这些军官很不满,罢免了他们的官职,说希望有机会他会亲自否认"想加冕称王"的说法,而不是让别人代为行事。

然而,人们认为恺撒的说辞不过是个借口。之后，他的名字和国王的头衔与象征联系在一起的事件越来越频繁地发生。那些希望获得他青睐的人，公开称呼他为"Rex"①。他回答说，自己的名字是恺撒，不是"Rex"，但没有流露出任何不快。在一个盛大场合，一个职位较高的官员，也是他的近亲，一再把王冠戴在他头上。和往常一样，他轻轻推开了王冠。最后，他把王冠送进了附近的神殿，说罗马城没有国王，只有朱庇特主神。总而言之，所有行为都表明，恺撒想戴上王冠，表现出来的却是人民逼迫他戴，他自己则不停地拒绝。

在罗马城，这些事情引发了非常强烈、普遍的热议。罗马城还分裂成了不同派系，一派希望恺撒称王，一派以命相搏，坚决反对。但没有人敢公开表示支持哪一派。他们用神秘的眼神、隐晦的暗语，表达自己的观点。然而，当恺撒拒绝站起来接见元老时，许多人沉默着接受了。当王冠被戴在恺撒的雕像上时，有些人表情凝重，感觉受到了冒

---

① "Rex"在拉丁语中是"国王"的意思。——原注

犯；也有一部分公民大声喝彩，热情鼓掌。无论什么时候，当恺撒称自己反对加冕时，总有人大声欢呼、称赞。然而，无论如何，恺撒要称王的意图越来越明显。人们正在一点点接受这个现实。

然而，在说到自己的自命不凡和要求时，恺撒表现得十分谦逊。当感觉到自己深藏不露的野心遭到公众反对时，他就会找出一些借口，合情合理地解释自己的行为，否认自己的真实目的。当他像国王一样坐着迎接元老、聆听他们为自己量身定制的法令时，他回答说，应该减少而不是增加自己的公众荣誉。当发现自己的这种行为引起元老们的激愤时，他解释说，因为身体虚弱，站起来会头晕目眩，所以他只能坐着。他认为，这些借口能缓和在场人员的情绪，平息他所担心的嫉妒之人和竞争对手的不满，又不会妨碍自己的行为对公民产生潜移默化的影响。总之，他希望公民逐渐习惯看到他成为国王。同时，与周围人交流时，他表现得谦逊有礼，尽量避免惹怒竞争对手或者引起竞争对手的嫉妒和警惕，因为通常竞争对手的权位与他差不多。

如果这就是恺撒的计划,那么事情似乎正在积极地向着他设定的目标发展。罗马公民好像已经越来越明白恺撒想加冕称王的想法。起初反对的声音已经消退,或者至少最初坚定的公众反对之声已经不再那么坚定。最后,关键时刻到来,恺撒可以安然地向元老院提出称王这一要求了。当然了,此举过于冒险,需要机敏、灵活地应对可能发生的情况。

当时,罗马共和国有各种各样的预言书籍,其中一本叫《西卜林书》。实际上,世界许多国家和城市也都有类似的书籍。《西卜林书》认为,将来发生的事可以事先预测。有一些非常古老、权威的卷轴,保存在罗马神殿里,由监管委员会谨慎地保护着。每逢重大场合,监管委员会就会查阅《西卜林书》,以便事先预知公共举措或者重大事情的结果或影响。

恰巧当时罗马人正与帕提亚人交战。帕提亚是亚细亚富甲一方、实力雄厚的地区。恺撒准备出兵征服它，命人查阅《西卜林书》。经过一系列例行的庄严仪式后，查阅官员向元老院汇报称，神圣的预言记载，除了国王，其他任何人都无法征服帕提亚。因此，一位元老提议，为了应付紧急情况，战争期间，应该让恺撒称王。起初，人们对此项建议没有发表任何意见，毕竟表达任何意见都存在一定的风险。人们若有所思，表情凝重，沉默寡言，就像是大动乱即将到来一般。谁都不知道别人在想什么，谁都不敢表达自己的想法。但大家很快就达成了普遍共识，恺撒的朋友决定给他加冕，并指定公元前44年3月15日为恺撒的加冕日。

同时，恺撒的敌人表面上看似风平浪静，其实早有预谋。他们发现恺撒现在已经开始实施称王计划。他们没有办法公开反对，就设计阴谋，计划刺杀恺撒。这样一来，恺撒的野心就会破灭。刺杀计划的主谋是卡西乌斯。

长期以来，卡西乌斯一直是恺撒的竞争对手和敌人。他性情暴戾、个性冲动、胆大包天。他热爱权势，喜欢发号施令。当有人权势比他大，试图管束他时，他就会非常不耐烦。罗马人有个共同特点——厌恶国王对自己行使权力。卡西乌斯也是如此。他绝不向恺撒屈服，决定刺杀恺撒，不让其称王。于是，他非常谨慎地发动位高权重的人参与刺杀行动。有些人说，如果能让布鲁图斯参与，自己一定会和卡西乌斯联手。

布鲁图斯是罗马的副执政官，是级别非常高的市政官员。同谋者都希望布鲁图斯参与这一行动，部分原因是布鲁图斯拥有副执政官的职位。他们的如意算盘里，有了最高公共治安官的参与，他们的行为就不是谋杀，而是得到了官方的批准，有了正当的理由。

在这个孤注一掷的行动中，卡西乌斯等人更希望获得布鲁图斯道义上的支持，因为布鲁图斯拥有非凡的个人品格。布鲁图斯虽然比卡西乌斯年轻，但严肃认真、少言寡语、沉着冷静，同时刚正不阿、果敢坚毅、无所畏惧。同谋者之间互不信任，因为他们担心遇到紧急情况时，冲动鲁莽之人会改变主意。但他们知道，无论发生什么事情，如果布鲁图斯答应去做的事，就一定会去做。

"布鲁图斯"这个名字本身就有很多暗含的意思。五百年前，卢基乌斯·尤尼乌斯·布鲁图斯驱逐了罗马国王苏培布斯。他秘密策划，假装愚蠢，以此掩盖自己的计划。如传说所言，在实施的计划时机未到之前，只有这样，才能使他摆脱他人的监视，打消他人对他的怀疑。他不再说话，像疯了一样，穿行在城市安静、阴暗的角落，像野兽一样到处游荡。他以前的名字是卢基乌斯·尤尼乌斯，后来增加了"布鲁图斯"，以说明他真的病了。驱逐国王苏培布斯的时机来临，他突然开口，"恢复"了理智，号召罗马人拿起武器，成功实施了计划。从此，"布鲁图斯"就成了"拯救者"的代名词，他的经历也成为一段历史佳话。

阴谋者把恺撒视为另一个"国王"，自然而然想到了他们身边的布鲁图斯，希望其成为另一个"拯救者"。在和自己同名的古代雕像上，布鲁图斯时不时发现一些铭文，铭文预言"布鲁图斯"将要复活。每天早晨，来到履行职责的法庭时，他都会发现夜间留下的简短文字，言简意赅，却寓意深刻，比如，"醒来吧，布鲁图斯，去履行你的职责！""你真的是个'布鲁图斯'吗？"

尽管如此，布鲁图斯还是不太愿意反对恺撒。因为内战结束后，他与恺撒一直私交甚笃。布鲁图斯曾是庞培的大将，在法萨卢斯战役中与庞培并肩作战，后被恺撒活捉。恺撒战胜了庞培，但并没有将布鲁图斯处死，而是选择原谅、赦免了他，让他为自己效力。后来，恺撒还提拔了布鲁图斯，让他担任总督，掌管最富有的行省。任期结束后，布鲁图斯满载财富和荣誉而归，被提拔为罗马城的副执政官。也正因如此，恺撒所做之事，无一不是把布鲁图斯当作最信赖、最忠诚的朋友。所以，卡西乌斯及那些最初想合谋的人认为，如果布鲁图斯能够加入，事情成功的概率会大增。他们期望卡西乌斯尽力说服布鲁图斯参与刺杀行动，因为卡西乌斯与布鲁图斯有亲戚关系，他的妻子茱妮娅·特蒂娅是布鲁图斯的妹妹。

这使两人在过去几年里关系很好，成为亲密好友，尽管近来两人因竞争同一职位而关系有些疏远。在这一竞争中，恺撒支持布鲁图斯。他曾经说过："卡西乌斯最适合担当此职位，但我无法拒绝布鲁图斯的任何要求。"事实上，他认为，自己与布鲁图斯私交甚好，相信他会全力以赴支持自己的事业。

卡西乌斯轻而易举地与布鲁图斯和解了，尽管自己在竞选职位时受到了布鲁图斯的伤害。他去找布鲁图斯谈话，劝其加入自己的行动。他问布鲁图斯是否愿意去元老院出席3月15日（公元前44年）的加冕仪式。作为恺撒的朋友，布鲁图斯去参加加冕仪式理所应当。他说，不去。接着，卡西乌斯问："假如我们被特别传召呢？"布鲁图斯说："那么，我会去。如果必要，我将准备随时赴死，坚决捍卫我们国家的民主与自由。"

然后，卡西乌斯继续说，许多位高权重的罗马公民，也抱着同样的决心，慕名找布鲁图斯领导大家从事必须实现的事业。"人们对待其他裁判官举办的各种赛会、庆典、表演，与对你的期望不同。"

卡西乌斯说道,"你的品格、名字、地位、先祖及你一直坚守的行为准则,鼓舞着整座城市。人们希望你能成为他们的救星。公民们已经准备随时协助你,甘愿冒生命危险支持你,指望你能够向前一步,以他们的名义,代表他们,在即将到来的关键时刻采取行动。"

外表看似极度冷静的人,内心深处往往热血沸腾。因为情绪从未表露、发泄出来,往往更加浓烈和不受控制。布鲁图斯没说什么,但卡西乌斯的话让他兴奋不已。他的灵魂开始挣扎,一边是恺撒政治仕途上的知遇之恩和个人情感;另一边是罗马人的坚定信念——为了国家大义,什么都可以牺牲,包括友情、恩情、财富和生命。他加入了行动,立即开始制定执行策略。

一位叫利古里乌斯的将军曾在庞培麾下服役。他对恺撒的敌意从未真正消失。当时,他生病了。布鲁图斯前去探望他,发现他卧病在床。罗马局势如此紧张,尽管这种紧张被压抑着,但大家还是预感会有大事发生。人们的每一个动作,每一个表情都暗含深意。看着布鲁图斯向床榻走来,利古里乌斯从他的表情明白了,他并不只是探病。布鲁图斯说道:"利古里乌斯,现在不是你生病的时候。"利古里乌斯立即起身,说道:"布鲁图斯,如果有什么大事值得我去做,我可以立即痊愈。"布鲁图斯向利古里乌斯讲明了计划。听完那个计划,利古里乌斯怀着满腔热情加入了行动。

刺杀计划一个接一个地透露给那些最值得信任的人。这些人一次次地举行会议,商讨最终的行动计划。大家一致同意,恺撒该杀,但具体实施的时间、地点、方式还有待确定。会议上各种计划被提了出来,但有一件对他们来说非常特殊的事——没有人考虑或者提到"秘密刺杀恺撒"。刺杀行动将以公开的方式,以一种崇高又毫不畏惧的方式进行。鉴于计划的执行是庄严的判决,没有必要偷偷摸摸、私下里进行。仔细考虑了各种可能遇到恺撒的公众场合,各种可能刺杀恺撒的地方,他们最后选择了一个最开放的场所。当然了,他们的初步计划是保密的,以防恺撒采取反制措施。但一旦实施，他们应该立刻站出来，在众目睽睽之下刺杀恺撒。他们没有打算撤退，也没有打算躲藏，更没有保全自己的计划。他们想到的只有刺杀这一件事。计划是如此崇高和伟大，足以使他们忽略个人安危。不过，所有安排和商谈内容都绝对保密，直到做好一切准备。但计划要以公开、庄严的方式实施。然后，他们会平静地等待最终的结局。

在这个问题上，刺杀者们认为元老院是最合适的地方。公元前44年3月15日，恺撒加冕的日子，是最适合实施刺杀行动的日子。

第 12 章　　*CHAPTER XII*

遇　刺

The Assassination

据历史学家的记载，在恺撒身上曾多次发生关于他将来命运的先兆，但他都没有理会。这些先兆大多数比较奇怪。记录这些先兆的历史学家也是半信半疑。虽然半信半疑，他们还是喜欢描写这些先兆。这些迷信和超自然的内容对当时的读者有很大的吸引力，也有利于丰富记录这些先兆的历史学家的作品，使他们的作品更具戏剧性。这些先兆如下：

卡普阿是罗马城南部的一座城市，是意大利的第二大城市，也是汉尼拔计划建都的地方。恺撒打算在这座城市建造宏伟的建筑——这是他美化意大利各城市的规划之一。工匠正在忙着拆除一些比较古老的陵墓，为新建筑腾出空间。随着挖掘的推进，大家发现这里是卡普阿缔造者的坟墓。最后，工匠们终于进入古墓。取出石棺时，他们发现了一段铭文，铭文是用希腊文刻在青铜盘上的。铭文的意思是，一旦移动棺椁遗物，尤利乌斯家族的一个伟大子孙将会死于朋友之手，之后将会引发整个意大利的动荡。

渡过鲁比肯河后，恺撒的那些战马就退休了，生活在恺撒给它们准备的公园里。大概是出于某种神秘的本能，或者是神谕的昭示，为警告恺撒即将到来的灾难，这些战马不吃不喝，悲伤忧虑地到处乱走。很明显，这些战马是在哀悼即将到来的不幸，哀悼的方式与人类极其相似。

当时，有一类未卜先知的人叫脏卜师。正如当时的人认为的那样，脏卜师能够预卜未来——虽然预卜的结果有些模糊不清，但脏卜师能通过观察祭祀仪式上所用动物尸体呈现的特定方式占卜未来。当时，在做任何重大事情时，人们都会咨询脏卜师。如遇不吉，人们就会推迟或者放弃决定。一天，其中一个叫斯普林那的脏卜师来到恺撒面前，告诉恺撒，在刚刚进行的公共祭祀仪式上，自己发现异常巨大、神秘的灾难正要降临到恺撒头上，和3月15日（公元前44年）的事件有关，让恺撒当天务必特别小心，直至那天过去为止。

公元前44年3月15日，元老院诸位元老将在一座崭新、豪华的建筑前齐聚。这座建筑本是庞培所建，内部各种装饰物之间还摆放着庞培的雕像。公元前44年3月15日前一天，附近树林的一些猛禽飞进大厅，追逐一只嘴里衔着月桂枝的小鹪鹩。猛禽把鹪鹩撕成碎片，月桂枝掉落在大理石地面上。在重大场合，恺撒习惯头戴月桂冠。他对这种装饰尤其偏爱，认为月桂枝是自己的徽章。如今月桂枝掉落在地，乃不祥之兆，预示着灭顶之灾即将来临。

公元前44年3月15日前夜，恺撒无法入眠。他躺在床上，焦躁不安。即使是短暂浅眠，他也无法停止思考。这让他更加烦躁。他睡着时做了很多梦，这些梦光怪陆离。他梦见自己来到天堂，受到了最高天神朱庇特的接见。正在与伟大的诸神之父和诸神握手时，他突然被可怕的声音惊醒。醒来后，借着照进房间的月光，他看见妻子卡尔普妮娅在梦中呜咽挣扎。他跟妻子卡尔普妮娅说话，将其唤醒。卡尔普妮娅双眼茫然，愣了一会儿，才恢复清醒。她告诉恺撒自己做了一个噩梦，梦到屋顶掉落，同时一群强盗、刺客破门而入，拿着短刀刺向了她怀中的恺撒。按照当时的说法，这些梦境非常

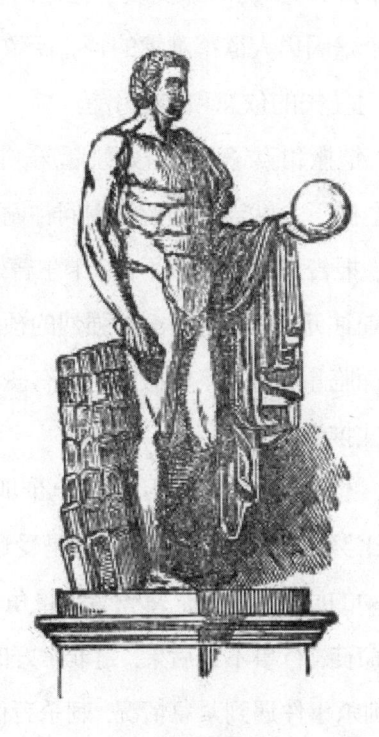

庞培的雕像

神秘，预示着危险即将到来。在我们看来，不管是恺撒的荒唐梦境，还是妻子卡尔普妮娅支离破碎、毫不连贯的恐怖梦境，都反映了他们的某种心理状态。一个是因男人欲壑难填的野心所致，另一个是由女人对丈夫的依恋和挂念引起。

清晨，恺撒和妻子卡尔普妮娅起床，内心都非常不安。恺撒下令就当日的游行询问神谕。脏卜师准时前来，报告说结果显示不吉。卡尔普妮娅恳求恺撒不要前往元老院。她有一种强烈的预感，恺撒此去将会面临重大灾难。恺撒自己也有些犹豫，想把加冕仪式推迟举行。

当天，恺撒一直举棋不定。一个叫布鲁图斯·阿尔比努斯的人走了进来。他是受邀加入刺杀恺撒行动的同谋者之一，掌管着大量角斗士。角斗士是亡命徒，行事不计后果，是非常好的武装力量。一旦刺杀事件遇到紧急情况，刺杀者们可以利用这些角斗士反击。

阴谋者按照计划做好一切安排。元老院集会时间到了，阴谋者派布鲁图斯·阿尔比努斯到恺撒家去，一方面是为了避免引起恺撒的猜疑，另一方面是为了确保刺杀事件没有败露。元老们的集会时间是17时。布鲁图斯·阿尔比努斯发现恺撒犹豫不决，有些茫然失措，不知该怎么办。听完恺撒的话，他想尽一切办法催促恺撒去元老院。他说："您已经正式告知诸位元老，现在大家已经准备前往元老院，做好一切准备给您加冕。您将会是帕提亚和您征服的所有地方的王，无论是海上，还是陆地。现在一切已经准备就绪，大家都在等待着这一伟大时刻的到来。如果通知他们暂时回家，等到卡尔普妮娅好梦之日再来参加加冕仪式，将是多么荒唐！"

布鲁图斯·阿尔比努斯又催促道，即使要推迟安排，恺撒也要亲自去元老院告知大家。说着，他拉着犹豫不决的恺撒，与其一起走了出来。

同谋者都认为计划万无一失。但实际上，还是有人发现了他们的阴谋。那是一个希腊人，一个演说家，叫阿特米多鲁斯。他从学生那里获悉了阴谋，因为参与刺杀事件的人有些是他的学生。

因为没有其他方式接近恺撒，阿特米多鲁斯简要写下了刺杀事件的主要内容，决定在恺撒去元老院的路上亲自交给他。当然了，加冕事件引起了公众的极大兴趣。街上人潮涌动，人们争先恐后地前来目睹强大征服者的风采。和平时一样，位高权重的政府官员出现在公众面前时，经常会有很多人走上前来，呈递请愿书。

恺撒收到了很多请愿书，来不及读就交给了文书官，由其保管以备事后审阅。阿特米多鲁斯在人群中等待时机，见恺撒这样处理请愿书，担心恺撒看不到自己写的内容，就挤到恺撒跟前，不让别人传递。最后，终于等到机会，他亲手将请愿书交到恺撒手里，告诉他："马上看，关乎你的性命。"恺撒接过请愿书，正要阅读。但很多新的请愿书不停地递过来，他不时受到其他打扰。最后，他放弃了阅读，继续赶路，将手里的其他东西一并交给了文书官，唯有阿特米多鲁斯的一直攥在手里。

去元老院的路上，恺撒遇见了斯普林那——那个曾经预言公元前44年3月15日有重大危险发生的脏卜师。恺撒一看到他，就跟他说："斯普林那，已经3月15日了，我平安无事。"

斯普林那说："是的，3月15日已经来了，但还没有过去。"

最后，恺撒终于到达了元老院。阿特米多鲁斯的请愿书一直攥在他手里，但他没有阅读。元老们已经聚齐，阴谋的主要策划者也身在其中。大家都起身迎接恺撒。恺撒走到自己的座位上。他就座后，元老们也开始落座。关键时刻到了，阴谋者们脸色发白，心跳如鼓。此刻乃是千钧一发的时刻，他们要么立刻行事，要么永远放弃。

即使是一时冲动，人们也需要极大的勇气和胆量杀死痛恨的人，更何况还要亲自动手。即使非常善于如此行事的人也很难将匕首刺入一个活生生的人的体内，尤其是当他安详地坐在自己面前，毫无防范，手无寸铁，没有激怒自己时。通常来说，激怒对手是激起对手武力行事的必要条件。因此，有时毫无防备比钢盔铁甲更能保护自己。

即使是卡西乌斯——整个阴谋的发起者和灵

魂人物，此刻也缺乏行事的勇气。为了激发自己的怒气，他看向庞培的雕像——这位恺撒一直以来最害怕的宿敌，寻求帮助。庞培雕像给了他帮助，使他灵魂深处的仇恨之火熊熊燃烧了起来。就这样，对一块石头的同情坚定了一个活生生的刺客行动的决心。

有了采取行动的必要刺激条件，就到了立即行动的时候。阴谋者们一致同意，恺撒一落座，大家就围上来请愿。恺撒肯定会拒绝大家，然后大家把他围起来强求他——混乱中大家更容易动手。

有个人既是恺撒的亲戚，也是他的朋友，叫马库斯·安东尼。在英语作品中，此人通常被称为安东尼。这个人就是前面提到的，后来和克利奥帕特拉七世有男女私情的安东尼。他精力充沛，意志坚定。阴谋者认为他会保护恺撒，就指定一个阴谋者把他拉到一旁，故意用其他话题分散他的注意力。一旦发现安东尼有任何干涉行为，此人就强行制止他。

按照此前的计划，请愿者们拿着请愿书走近恺撒，其他人一拥而上，假装拥护请愿者们的请求。请愿的目的是要求赦免其中一位阴谋者的兄弟。恺撒拒绝了。其他人立即把他围住，强行要求他批准。大家似乎谁都不愿意刺下第一刀。恺撒变得警惕起来，试图驱赶他们。其中一个阴谋者拉下恺撒的袍子，使其脖子裸露了出来。恺撒站起来，大声说道："这是暴乱。"一个同谋此时立即举刀刺向恺撒。恺撒脖子轻微受伤。

现场一片混乱。恺撒来不及拔剑，随手用一个锋利铁器抵挡了一阵。当时，人们用这种铁器在蜡染版上刻字。恺撒正好将它握在手里，用它刺穿了其中一个人的手臂。

恺撒的抵抗激怒了阴谋者，成了他们下定决心刺杀他的必要条件。很快，他发现周围人拿着剑从四面八方向他刺来。混乱中，元老们站起来，看到这一幕，他们全都惊慌失措，不知如何是好。安东尼见状，知道无论自己如何抵抗，都无济于事，于是无动于衷，什么也没有做。

恺撒竭尽全力，独自抵抗了几分钟，向四周

求助，但徒劳无功。他向庞培雕像基座旁撤退。最后，他看见布鲁图斯也参与了刺杀自己的行动，不禁大声惊叫："你也参与了，布鲁图斯？"从这一刻起，他似乎绝望了，就此放弃了抵抗。他用袍子遮住脸，很快就因伤势过重倒地不起。血沿着路面一直流到庞培雕像的脚下。仿佛一切都是注定的，他的死是为了祭慰他的宿敌一般。

站在事发现场中央，布鲁图斯试图向元老们解释，告诉他们所做的一切都是迫不得已的正确选择。但场面混乱不堪，人群激愤，根本无人听到他讲话的内容。其实，元老们正在快速离殿，四散逃开，把消息传向四面八方。此事引发了全城骚动，市民们有的关闭商铺，有的紧锁房门，还有的在街上匆匆忙忙、跑来跑去，焦急问询，想打探接下来可能发生的恐怖事件。

安东尼和李必达是恺撒的两个最忠诚、最有影响力的朋友。他们不确定自己是否会被连累，也不知道阴谋者对恺撒及其派系的敌意到底有多深，于是逃走了。他们不敢回家，担心阴谋者去家中搜捕他们。两人找到愿意收留他们的可靠朋友，就藏匿在了朋友家中。

此时，阴谋者为自己的所作所为感到十分自豪，纷纷互相祝贺刺杀成功。他们一起从元老院出来，任由恺撒的尸体躺在血泊中。他们人人手握出鞘之剑，一路向朱庇特神殿而去。布鲁图斯走在最前头，一只手提长矛，矛尖挑着一顶自由之帽；另外一只手紧握血淋淋的剑，向前走去。

朱庇特神殿建在卡比托利欧山上，气势辉煌。周围神殿林立，房屋错落，使这里成为世界奇观。布鲁图斯一行边走边向市民宣传，称他们的行为是伟大的救国行动。他们对刺杀阴谋毫不遮掩，反倒感到非常自豪。他们成功鼓动了部分公民。这些公民也加入了游行队伍，与他们分享刺杀成功的快乐。

恺撒的尸体躺在那里，没人在意。大家的注意力都集中在席卷整个城市的激情上，以及对罗马共和国其他地区可能会出现的动荡的猜测上。只有恺撒的三个奴仆，围在尸体周围查看他的伤口。

恺撒身上共有二十三处伤口。这足以表明，刺杀者们无论多么迟疑、多么不情愿，最终还是实施了刺杀行动。并且二十三处伤口，只有一处是致命的。事实可能是，所有同谋轮流攻击恺撒时，都是为了履行每人留下一个伤口的承诺，谁都不希望那致命一刀出自自己之手。

最后，三个奴仆决定把恺撒的尸体送回家。他们找来一把可以用杆子抬的椅子，把尸体放在上面。然后，他们把骇人的尸体抬到六神无主的卡尔普妮娅面前。

次日，即公元前44年3月16日，布鲁图斯及其助手在罗马广场召集大会，发表演讲，解释实施这一行为的动机，阐明他们的所作所为的必要性，并解释说他们这样做是正义的。公民们默默地听着，没有表示赞同，也没有表达反对。其实，不必期待公民们会为失去恺撒而庆祝。公民们认为恺撒曾是他们的英雄，也是他们的朋友。对公民们来说，恺撒下台既没有给他们带来权力，也没有给他们带来自由。对那些野心勃勃的元老，有权有势的将军，或者国家高级官员来说，他们的既得利益更大，因为他们的前行之路上少了一个强劲的对手。另外，公民们认为，一定还会有人接替恺撒管理他们。如果一定要接受管理，他们更愿意接受一个具有丰功伟绩的人的领导，宁愿选择恺撒而不是其他元老。

但不难预料，元老院倾向于废除恺撒称王的计划。元老院召开会议，通过了法案，宣布阴谋者的所作所为合情、合理、合法。但为了安抚公民，他们也追封了恺撒，给予他诸多神圣的封号和荣誉，肯定了他执掌最高权力期间的所有功绩，并且选定时间，为恺撒举行国葬。

不久，人们找到了一份似乎早已立好的恺撒的遗嘱。卡尔普妮娅的父亲提议在安东尼家里公开宣读遗嘱。实际上也是这么做的。遗嘱内容唤起了人们对恺撒的同情，刷新了人们对恺撒的认识。此时，人们已经开始怀念恺撒。恺撒的巨额财产主要分割给姐姐的子孙,因为他自己没有孩子①。暗杀恺撒的几个主谋受托监管这些财产,其中一个是布鲁图斯·阿尔比努斯——这位在元老院迫切想要刺杀恺撒的人。台伯河附近的一些漂亮花园赠送给罗马人民。还有一大笔钱,分给罗马公民,确保每人都能得到一定数额。

举行葬礼仪式的时间通过公告形式发布,所以人们都知道了这一消息。除了罗马城居民,还有众多陌生人。参加葬礼的人太多了,以至花了一天多的时间才安排好游行队列。社会各阶层人士都受邀参加葬礼。他们都来到战神广场,以自己的方式,带着自己想带的徽章、祭品和献物来到现场。战神广场是一个大型阅兵场,主要用于阅兵、举办赛会和表演等。柴堆架在这里,用于焚烧恺撒的尸体。葬礼当天会有一场演讲,安东尼为指定发言人。尸体放于一个镀金的榻上,置于神殿形状的华盖之下,安放在葬礼演讲的讲坛前。榻上铺着朱红

---

① 恺撒与埃及艳后有一个私生子恺撒里昂。——译者注

和黄色的布，榻的一头放着恺撒遇刺当天穿的袍子。袍子沾满血污，还留有阴谋者用剑和匕首刺杀恺撒时留下的洞。

安东尼没有大肆赞颂亡友，而是请来了沿街呼喊传递消息的人宣读了元老院的法令。这条法令授予恺撒无上的荣耀。然后，安东尼补充了几句。接着，停放在罗马广场的榻连同尸体一并被抬起，准备抬往战神广场的柴堆上。不过，聚集的人群起了争论，争论的焦点是到底哪里适合焚烧尸体。

人们倾向于在市区找一个最体面的地方。有人建议在卡比托利欧山上美丽的神殿进行，有人希望到元老院恺撒被谋杀的地方。元老院和那些不太愿意给予已被刺杀的恺撒更多荣誉的人，借口市内建筑容易引发火灾，支持去一些偏僻的地方。争议越来越激烈。不过，争议被两个人结束了。这两人身配长剑，手执点燃的火把，猫腰奋力穿过人群，点燃了停放恺撒尸体的榻和华盖。

问题得到解决，人群很快陷入狂热的兴奋中，就地堆起了葬礼柴堆。起初，他们只是把自己带来的柴火扔到火上,然后开始从临近的庭院和门廊取柴火,最后开始拿取能拿到的所有可燃物。从某种意义上说,纪念已故英雄的荣耀与葬礼柴堆的大小成正比。在场的所有公民开始抓取发现的一切东西,无论合适与否,只要能够使火烧得更旺,都扔向火堆。士兵们扔上自己的长矛和梭镖,音乐家扔上自己的乐器,还有人扯下游行队伍器物上的装饰和布,扔向熊熊烈焰。

大火猛烈地燃烧着,引燃了附近的房屋。此时,势必需要付出巨大的努力才能防止火势进一步蔓延。公民目睹此情此景,更加兴奋。他们就着火势燃起火把,向布鲁图斯和卡西乌斯的家走去,威胁说要为尤里乌斯·恺撒报仇。

当局成功保护了布鲁图斯和卡西乌斯的家,使其免遭暴民的暴力侵犯,但付出了巨大代价。最后,暴乱分子抓来一个叫秦纳的不幸市民,认为他是杀害恺撒的人。无论秦纳怎么哭喊哀号,还是被砍了头。人们用长矛挑着人头在城里巡游,展现对恺撒仇敌的痛恨。然而,如经常发生的突发暴力事

停放恺撒尸体的榻和华盖被点燃了

件一样，这些草率又目无法纪的复仇者最后发现弄错了对象，杀错了人。

罗马人民竖起了一根纪念柱纪念恺撒，上面刻有"国父"的铭文。纪念柱顶端装有一颗星星的图案。后来，人们举行庆祝活动纪念恺撒时，一颗巨大的彗星在天空燃烧了七天七夜。大家认为这表明恺撒的灵魂已经升入天堂。

（根据哈珀兄弟出版公司出版的英语版译出）